JN439004

4차 산업혁명 시대의 기업 성장전략

4차 산업혁명 시대의 기업 성장전략

1판 1쇄 찍은날 2023년 2월 20일
펴낸날 2023년 2월 25일
지은이 유재욱
펴낸이 전영재
편집 임경희
펴낸곳 건국대학교출판부
등록 / 제 4-3 호(1971. 6. 21)
주소 / 05029, 서울특별시 광진구 능동로 120
전화 / 편집팀_(02) 450-3891~2 영업팀_(02) 450-3893
팩스 / (02)457-7202
홈페이지 / http://press.konkuk.ac.kr
e-mail / press@konkuk.ac.kr
찍은곳 네오프린텍(주)

정가 15,000원

ISBN 978-89-7107-771-9 93320

*** 본 책자는 교육부의 「대학혁신지원사업」 사업비로 제작되었습니다.**

Corporate Growth Strategies in the Fourth Industrial Revolution Era

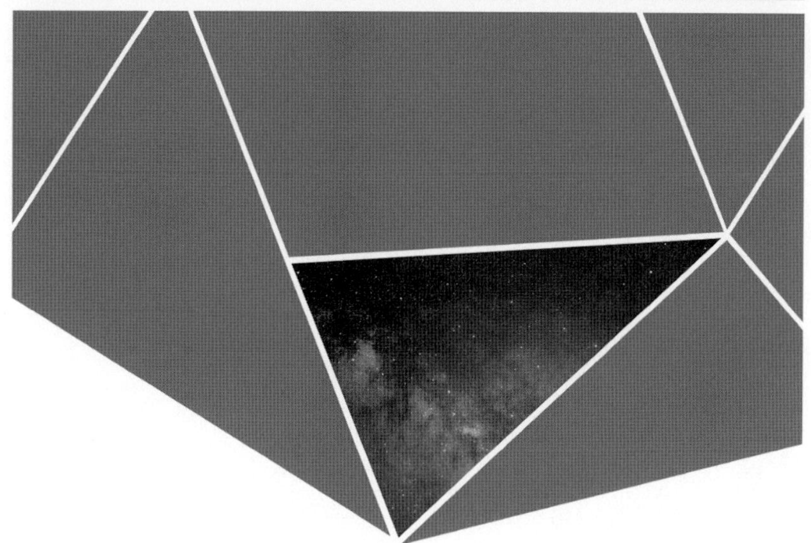

4차 산업혁명 시대의 기업 성장전략

유재욱 _ 지음

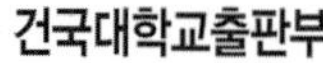

머리말

4차 산업혁명은 수학, 물리학, 생물학 등의 기초과학과 정보통신기술(ICT)의 융합을 통해 이루어지는 지식혁명의 시대로 정의할 수 있다. 사물인터넷(IoT), 인공지능(AI), 로봇공학, 무인 운송 수단(무인 항공기, 무인자동차), 3차원 인쇄(3D 프린팅), 나노 기술의 6대 기술 분야와 빅데이터(Bigdata), 헬스케어, 가상현실(VR), 증강현실(AR) 응용서비스 분야를 기반으로 하는 4차 산업혁명 시대의 도래는 물리적인 것과 디지털의 결합, 주문 맞춤 생산을 하는 스마트공장, 중개기관을 대체하는 플랫폼의 등장을 포함하는 다양한 기업 운영방식의 변화를 초래하고 사회와 기업의 발전에 원동력이 되었다.

하지만 4차 산업혁명이 사회와 인류에 긍정적인 영향만을 가져다준 것은 아니며, 특별히 국가, 개인 간의 사회경제적 부작용과 문제점을 발생시키고 있다. 기술 혁신으로 반복적, 정형화된 업무는 기계로 대체되면서 기존 노동 형태의 패러다임 변화가 불가피하고, 제조업, 서비스업 전반의 일자리 감소가 예측되고 있다. 무인점포 시스템인 아마존 고, IBM 왓슨의 의료 자문, 주식 투자의 로봇 어드바이저 등은 기존 노동력을 대체하고 있는 대표적인 사례들이다. 더욱이 디지털 플랫폼을 통한 주문형 경제인 온디맨드(On-Demand)의 촉발은 전통적 일자리 개념을 빠르게 변화시키고 있다. 필요할 때 사람을 구하고 일을 맡기는 임시고용 형태의 긱 경제(Gig Economy)의 시대가 도래한 것이다.

이렇듯 4차 산업혁명의 확산은 노동, 기술, 소득의 변화를 초래하고 기존의 사회적 약자들을 더욱더 어렵게 만들 수 있다. 그러나 이것은 전 세계적 현상으로서 회피하거나 반대하기보다는 불가피함을 받아들이고 대비해야 한다. 우선 기업들은 4차 산업혁명의 디지털 신기술로 촉발되는 경영 환경상의 변화에 디지털 트랜스포메이션(Digital Transformation) 비즈니스 모델을 구축해 신기술 개발과 신산업 창출을 도모할 필요가 있다. 또한 기업들은 4차 산업혁명 시대의 높은 파고를 헤쳐 나가며, 이익 창출이라는 일차원적인 목표를 넘어 사회적 존립의 정당성을 강화하고, 다양한 사회구성원들과 함께 성장해 나아가기 위한 지속가능경영을 실천해 나아가야 할 것이다. 지속가능경영은 직원, 직원의 가족, 지역사회 및 사회 전반을 위한 삶의 질을 개선하며, 이들과 함께 지속가능한 경제발전을 위해 실행하는 기업의 노력으로 정의될 수 있는데, 이는 구체적으로 경제적 · 환경적 · 사회적 영향을 종합적으로 균형 있게 고려하면서 기업의 지속가능성을 추구하는 경영활동을 의미한다.

이와 같이 변화된 기업환경과 사회적 요구에 부응하기 위하여, 본서는 전략적 기업경영과 관련된 기초개념과 이론들을 4차 산업혁명 시대에서의 성장을 위한 기업경영방식, 즉 시장전략과 비시장전략 간의 균형적인 관점에서 최대한 간략하고 이해하기 쉽게 소개하였다. 따라서 본서는 전략경영 관련 전공의 입문자는 물론, 전략경영의 전체적인 윤곽을 이해하고자 하는 부전공 또는 다전공자, 경영일선에서 직면하는 다양한 현상들을 학문적이고 이론적인 토대에 기초하여 이해하고자 하는 실무자, 그리고 빠르게 변화하고 있는 사회와 기업 간의 공생적인 발전 관계를 이해하고자 하는 일반인들에게 핵심적인 지식과 정보를 제공해줄 수 있을 것이다.

이 책의 집필 과정에서는 내용의 충실성을 강화하기 위하여 선학들의 저작물들을 충분히 참고했으며, 전문가 및 실무자들의 의견을 수렴하여 독자들의 이해를 도모하였다. 하지만 저자의 이 같은 노력에도 불구하고 미흡한 부분이 있음을 인정한다. 그리고 미흡한 부분들은 향후 독자들의 의견과 제언들을 수렴하여 계속적으로 수정 · 보완해 나아갈 것을 약속드린다.

2023년 1월

유재욱

차례

전략적 기업경영

제1절 | 전략경영의 역사와 정의

1. 고전적 경영이론

고전적 경영이론들은 생산 효율성을 강화하기 위한 방안 도출에 초점을 두고 발전되었다.

■ 과학적 관리법(테일러, 1911)

미국의 테일러(F.W. Taylor)에 의해 처음 제창되어 테일러 시스템(Taylor System)이라고도 불리는 과학적 관리법에서는 작업 과정의 능률을 높이기 위하여 시간 연구와 동작 연구를 기초로 작업을 세분화하고, 노동의 표준량을 정하며, 임금을 작업량에 따라 지급하는 등의 방법을 연구했다.

■ 동작연구(길브레스, 1911)

동작연구(Motion Study)는 작업 동작을 최소의 요소 단위로 분해하고, 그 각 단위의 변이를 측정해서 표준작업 방법을 알아내기 위해 실행했던 연구이다. 20세기 초에 미국에서 테일러가 공정한 1일 작업량을 산정하기 위하여 창안한 작업시간 연구에 이어서 길브레스(Gilbreth)가 동작의 공간적 구조를 분석하는 방법을 고안하여 동작과 시간에 관한 연구가 진전되었다.

■ 인간관계론

① 욕구계층설(매슬로우, 1943)

매슬로우(A.H. Maslow)가 주장한 욕구계층설(Need Hierarchy Theory)에서는 인간의 욕구는 타고난 것이며, 그 강도와 중요성에 따라 생리적 욕구, 안전 욕구, 애정(사회적) 욕구, 존경 욕구, 자아실현 욕구의 5단계로 분류될 수 있다고 주장하고 있다. 욕구는 부족에 의한 하위 욕구와 성장을 위한 상위 욕구로 구분될 수 있는데, 인간의 욕구는 하위 단계에서 상위 단계로 계층적으로 배열되어 하위 단계의 욕구가 충족되어야 그 다음 단계의 욕구가 발생한다는 것이 욕구계층설의 주장이다.

이를 위한 전제조건으로는, 먼저 인간은 충족되지 아니한 욕구를 만족하기 위해서 동기가 부여되고, 사람들은 공통적인 범위의 욕구가 있으며, 이러한 보편적인 욕구는 충족되어야 할 순서대로 계층적으로 서열화되어 있다는 것과, 하위 욕구가 만족되면 상위 단계의 욕구가 발현되고 이를 만족시키기 위한 행동을 하며, 하위 욕구가 충족되지 않으면 다음 단계의 욕구가 동기를 부여하지 않는다는 것이 조건이다.

기본적으로 다섯 욕구에 대해 정리를 하자면, 가장 하위 단계의 욕구인 생리적 욕구는 인간의 생명을 유지해나가기 위한 기본적인 욕구로써 의식주 등이 해당된다. 다음으로 안전 욕구는 기본적으로 신체적인 위험에 대한 공포에서 벗어나 안전과 보호를 유지하려는 욕구로써 자기보존에 대한 욕구 및 경제적 욕구도 이에 해당한다. 중간 단계인 애정(사회적) 욕구는 인간은 사회적 존재이기에 여러 가지 집단에 소속되고 싶은 욕구로써 애정, 우정, 수용, 소속감 등이 이에 해당한다. 다음으로 존경(자기존중) 욕구는 소속 단체의 구성원으로서 명예 또는 권력을 누리려는 욕구이며 내부적으로는 자아 존중감, 성취감 등이며 외부적으로는 지위, 신분, 인정, 관심의 대상이 되는 것 등이 이에 해당된다.

② 호오손 실험(호오손, 1924~1932)

호오손(Hawthorne) 실험은 작업자 개개인의 행동 그 자체가 관찰 대상인 실험으로 메이요(Mayo, E.)가 작업장의 환경과 작업성과 간의 영향 관계를 증명하고자 시도한 것으로 성과에 미치는 요인들이 무엇인지를 밝히고자 한 것이 본 실험의 목적이었다. 메이요는 작업장(공장)에서 일시적으로 조명 강도 및 기타 변화를 제공하였을 때 생산성이 일시적으로 증가한 것은 근로자가 성과를 향상시키겠다는 의도보다는 개인적인 관심 또는 새로운 프로세스의 결과로 생산성이 증가한 것이라고 주장하였다. 즉, 호오손 실험 결과 생산성은 근무시간, 임금, 휴식시간, 조직 등의 변화와 관계없이 항상 증가하는 것으로 나타났고, 이에 대한 원인 분석 실험에 참가한 직원들이 자신들이 연구 대상이 되었다는 그 사실 자체만으로도 성과향상을 위해 긍정적으로 행동한다는 사실을 알게 되어 사회심리적 요인이 작업성과에 큰 영향을 미친다는 인과관계를 제시하였다.

2. 전략경영의 정의

전략경영이 경영학의 한 분야로 연구되기 시작된 것은 1960년대이다. 본래 군사적 용어로 사용되었던 전략(strategy)이라는 용어가 1962년 챈들러(A. D. Chandler)의 『전략과 구조(*Strategy & Structure*, 1962)』라는 경영학 저서에 처음 등장하였다.

전략경영이 단기간 내에 경영학의 중심내용으로 부상하게 된 이유는 기업들이 1970년대 이후로 급격한 환경변화, 즉 심화하는 경쟁에 직면하게 되면서, 이에 대응하는 방법을 모색하지 않을 수 없었기 때문이다. 즉 넓은 수요 기반에 기초하여 생산의 효율성만을 높이는 방법만으로는 더 이상 성장하고 생존하기 어려워진 기업들이 경쟁사들보다 더 우수한 방법으로 경쟁하고 성장하기 위한 방법을 고민하게 되면서 전략경영은 경영학의 핵심 분야로 빠르게 성장한 것이다.

전략경영을 처음 공식적으로 정의했던 경영학자 챈들러는 그의 저서 『전략과 구조』에서 전략경영을 "기업의 기본적인 장기목표 및 목적을 결정하고 이들 목표를 달성하는데 필요한 활동 방향을 결정하며 여러 가지 자원을 배분하는 것"으로 정의하였다.

이후 앤소프(Ansoff)는 『기업전략(*Corporation Strategy*, 1965)』이라는 저서에서 전략경영의 개념 및 기업 목표 설정, 전략의 책정, 선택, 평가의 과정을 설명하며, 전략경영을 '경영 목표를 달성하기 위한 의사 결정을 내리는 지침'이라고 정의하였다.

이외에도 전략경영에 대해서는 학자들별로 다소 간의 차이가 있는 다양한 정의가 존재하는데, 이들의 주장을 종합해 보면 전략경영은 한마디로 "희소한 경영자원을 배분하여 경쟁우위를 창출하고 유지하게 해줄 수 있는 전략적 의사결정 과정"으로 정의할 수 있다. 여기서 중요한 것은 희소한 경영자원과 경쟁우위 그리고 전략적 의사결정이다. 전략은 본질적으로 희소한 자원을 획득하여 보유하고 배분하는 것이다. 기업이 보유하는 자원은 무한하지 않고 한정되기 때문에 경영자는 해당 자원을 가장 효과적으로 배분하여 투자하고, 이에 기초하여 경쟁우위를 창출하고 성과를 높일 수 있도록 의사결정해야 한다.

3. 전략체계

전략경영의 구성 요소들은 전략체계(Hierarchy of Strategy)에 기초하여 설명될 수 있다. 전략체계는 경영을 체계적으로 계획하고 실행하여 지속 가능한 경쟁우위를 창출하기 위한 필수적인 요소들의 체계이다. 기본적으로 피라미드 형태의 계층구조로 되어 있으며, 기업 수준의 성장전략, 사업부 수준의 경쟁전략과 함께 기능 수준의 전략을 포함한다.

3.1 사명

사명(mission)이란 기업의 존재 이유(정체성)와 최고의 목적이자 장기적인 관점에서 기업이 바라는 것과 피해야 할 것들을 명시하는 선언문이다. 기업목표의 가이드라인으로 작용하며 기업이 지속하는 한 사업구조가 바뀐다고 하더라도 쉽게 변하지 않는 최고의 목적 내지는 가치를 나타낸다.

사업에 대한 정의, 사업 목적 및 조직 운영 철학이 기업의 사명 또는 사명 선언문(Mission Statement)에 포함되어야 할 핵심 요소이다. 사명선언문을 통해 많은 경우 기업의 활동과 성과에 영향을 미치며, 이로 인해 영향을 받을 수 있는 각각의 이해관계자들에게 무엇을 해줄지를 설명한다.

▮델의 사명

우리의 구매자, 종업원, 이웃과 직접적인 관계를 형성함으로써 우리 기업의 기술과 사업으로 사회를 건설한다. 이 과정에서 우리는 구매자와 이웃과 지역사회와 전 세계에 다양성과 가치를 제공한다.

▮포드의 사명

전 세계 사람들에게 교통수단을 제공하기 위해 열정적으로 일하는 자랑스러운 유산을 가진 범세계적 가족으로서 구매자의 요구를 예측하고 삶을 개선시키는 훌륭한 제품과 서비스를 제공한다.

▮3M의 사명

· 앞서가는 품질과 가치로 우리의 고객을 만족시킨다.
· 지속적인 양질의 성장을 통해 투자자들에게 높은 수익을 돌려준다.
· 우리의 사회 · 물리적 환경을 존중한다.
· 종업원이 자랑스러워할 기업이 된다.

▮테슬라의 사명

· 지속 가능한 에너지로의 세계적 전환을 가속화 한다.

▮CJ제일제당

· ONLYONE(경영철학) – 최초, 최고, 차별화를 추구하여 핵심역량을 갖춘 1등이 된다.

3.2 비전

비전(vision)이란 "조직 내의 모든 구성원의 꿈과 의지가 포함된 미래의 모습을 이미지화"한 것으로, 기업이 달성하고자 하는 미래상을 추상적으로 표현한 것이다. 훌륭한 비전을 만드는 것은 어떤 순간적인 발상이나 영감을 통하여 신비스러운 것을 제시하는 것이 아니라, 어렵고도 힘든 정보수집과 정보 분석의 과정을 거쳐야 한다.

일반적으로 5~10년 후의 회사의 발전상을 표현하는 비전은 오랫동안 지속되기는 하지만, 기업의 존재 이유를 제시하는 미션과 달리 기업의 성장 방향이나 사업구조가 바뀔 때 변경될 수 있다. 따라서 비전에 대해서는 정기적인 검토와 수정이 필요하다.

▌포드(Ford)의 비전

To become the world's leading consumer company for automotive products and services

▌디즈니사(Disney)의 비전

To make people happy

▌CJ제일제당의 비전

건강, 즐거움, 편리를 창조하는 글로벌 생활문화기업

Note 경영이념

경영자가 기업을 영위하는 데 있어 지침이 되는 기본적인 의식이라고 정의할 수 있다. 비전을 달성하기 위해 회사의 경영의사결정 과정이나 경영관리에 있어서 반드시 지켜야 할 원칙이나 기준을 광범위하게 기술하는 것으로서, 비전을 달성하기 위해 구성원들이 갖추어야 할 덕목과 자질, 정신자세를 광범위하게 명시한다.

경영이념은 다른 말로 경영신조 · 경영철학이라고도 한다. 즉, 기업이 사회적 존재 이유를 표시하고 경영활동을 방향 짓게 하는 기업의 신조이다. 기업의 경영이념은 기업의 신조이기 때문에, 경영목적 달성을 위한 활동을 하기 위해 구체화할 수 있는 현실적 지침이 되는 것으로서, 구체적으로는 사시(社是) · 사훈(社訓) 등으로 표현되기도 한다.

3.3 목표

목표(objectives)는 기업의 사명과 전략적 지향점을 구체적인 성과 지표로 나타낸 것이다. 기업 사명이 기업이 근본적으로 추구하는 가치를 표현한 것이라면, 목표는 어떤 특정 기간 기업이 달성하고자 하는 특정 결과를 구체적으로 나타낸 것이다. 목표는 상세하고 측정할 수 있게 설정해야 한다.

3.4 전략

전략(strategy)은 목표를 달성하기 위한 방법이다. 좀 더 구체적으로 경쟁사에 비해 더 많은 경제적 가치를 창출할 수 있는 능력을 의미하는 경쟁우위를 획득하여 목표를 달성하기 위한 방법이라고 할 수 있다. 전략은 "왜 어떤 기업은 이익을 내는데 다른 기업은 그렇지 못하는가?"에 대해 답하기 위한 다양한 이론체계를 발전시키는 과정에서 목표 달성을 위해 사용될 수 있는 다양한 방법들이 전략이라는 이름으로 소개된 것이다.

기업의 전략은 기업 수준의 전략(Corporate-level Strategy), 사업부 수준의 전략(Business-level Strategy), 기능 수준의 전략(Funcitional-level Strategy)으로 구성된다.

▌기업 수준의 전략

회사가 어떤 사업 부문에서 경쟁하고 각 사업 부문에 얼마만큼의 자원을 투입해야 하는가를 결정하는 전략이다. 기업 전체적으로 장기적 관점에서 기업의 사명과 비전을 수립하고, 전략적 사업단위를 정하며, 자원의 할당과 시너지를 창출하는 내용을 다룬다. 기업 수준의 전략에는 사업다각화, 수평적 통합, 수직적 통합, 기업 인수 및 합병, 전략적 제휴, 해외사업진출 및 철수, 전략적 아웃소싱 등이 포함된다. 기업 수준의 전략은 최고경영자가 주로 다루는 전략이다. 예를 들면 삼성전자는 반도체 사업부, LCD

사업부, 무선사업부 등을 포괄하여 전체적인 기업의 성과를 높이기 위한 기업 수준의 성장전략을 수립하여 실행한다.

■ 사업부 수준의 전략

참여하고 있는 시장에서 경쟁자들에 비해 더 높은 경쟁우위를 어떻게 확보할지에 대한 경쟁방법과 관련한 전략이다. 전략적 사업단위별로 경쟁적 위치를 확보하는데 필요한 모든 활동을 말하며, 주어진 기업 내부의 자원을 활용하여 경쟁기업과 경쟁할 구체적인 방향과 방법을 찾아 실행하는 내용을 다룬다. 경쟁우위를 확보하기 위해 내부의 자원을 어떻게 효과적으로 사용하고 핵심역량을 어떻게 강화하느냐가 사업전략에 해당하는데, 주로 사업본부장이 다루는 전략이라 볼 수 있다. 예를 들면 삼성전자의 경우 각각 반도체 사업부, LCD 사업부, 무선사업부 등의 사업부들이 있는데, 이들 사업부에서 수립하는 전략이다.

■ 기능 수준의 전략

각각의 사업부에서 사업전략을 실행하기 위한 기능 부서들의 세부적인 목표달성의 방법과 관련한 전략이다. 사업부 수준의 경쟁우위를 달성하고 유지하는데 필요한 영업, 마케팅, 생산, 재무, 인적자원, 기술, 조달, 물류, 서비스 등 부서별 수준의 전략을 다룬다. 예를 들어 삼성전자의 각 사업부는 자사의 경쟁우위를 확보하기 위한 기능 부문의 전략을 수립하여 실행한다.

제2절 | 전략경영의 목적과 과정

1. 전략경영의 목적

전략경영의 목적은 전략적 경쟁력(Strategic Competitiveness)을 확보하여 '지속 가능한 경쟁우위(Sustainable Competitive Advantage)'와 '평균이상의 수익(Above-average Return)'을 달성하는 것이다. 전략적 경쟁력은 기업이 가치를 창출할 수 있는 전략을 성공적으로 개발하고 실행할 때 확보될 수 있는데, 여기서 전략은 핵심역량과 경쟁우위를 획득하기 위해 기업이 실행하는 통합된 활동들을 의미한다.

기업은 고객에게 더 우월한 가치를 제공해줄 수 있고 경쟁사들이 모방할 수 없거나 모방하기 매우 힘든 전략을 수립하고 실행하여 경쟁우위를 획득할 수 있다. 즉 경쟁자들이 기업의 전략을 모방하는 것을 멈추거나 실패했을 때 기업은 경쟁우위를 획득할 수 있는 것이다. 하지만 어떠한 경쟁우위도 영원히 지속되기는 어려우며, 이때 경쟁사가 한 기업의 가치 창출 전략을 모방할 수 있는 능력은 그 기업이 경쟁우위를 얼마나 오랫동안 지속할 수 있는지를 결정하게 된다.

평균 이상의 수익이란 투자자가 비슷한 위험(risk)을 가진 다른 투자를 실행할 때 기대할 수 있는 수익보다 높은 수준의 수익을 의미한다. 그리고 여기서 위험이란 특정한 투자를 실행할 때 투자자의 경제적인 손익이 발생할 수 있는 불확실성을 의미한다. 기업의 경쟁우위가 존재하지 않거나 기업이 매력적인 시장에서 경쟁하고 있지 않다면 불확실성이 높아져 평균 이하의 수익에 그칠 수 있을 것이다. 반면 체계적인 전략경영의 수행은 기업이 경쟁우위를 획득하고 활용하여 평균 이상의 수익을 달성할 수 있도록 해줄 것이다.

성공적인 기업은 위험을 효율적으로 관리하는 방법을 터득하고, 효율적인 위험 관리는 투자자들의 투자 결과에 대한 불확실성을 줄여준다.

2. 전략경영 과정

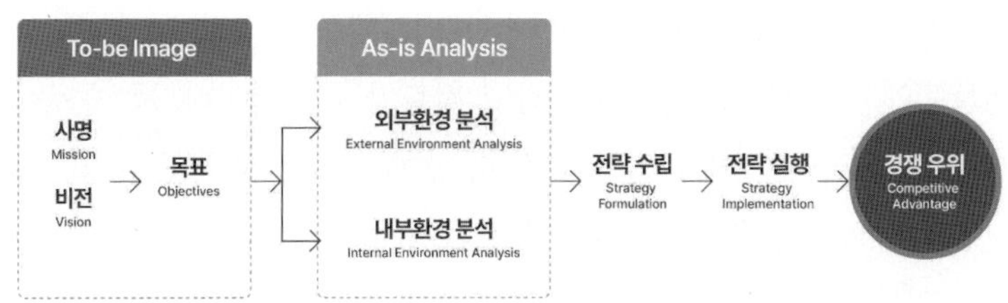

그림 1 전략경영 과정

전략경영 과정은 기업이 목표를 결정하고 이를 달성하기 위한 전략을 수립, 실행, 및 평가하는 모든 과정을 의미한다. 경영전략(Business Strategy)이 기업의 목표를 달성하기 위한 하나의 수단으로서 전략의 수립과 실행에 초점을 두는 것과 달리, 전략경영(Strategic Management)은 경영전략의 범위를 넘어 전략의 평가나 통제에도 초점을 두는 총체적 활동이다. 즉 달성하고자 하는 목표들을 결정하고 기업을 둘러싼 외부환경과 내부상황에 대한 분석을 통해 이를 달성하기 위한 전략을 수립, 실행, 평가한 후 피드백을 통해 지속해서 개선해 나가는 과정이라고 볼 수 있다. 글로벌 경쟁이 심화한 오늘날의 경영환경에서 경영을 체계적으로 계획하여 실행하기 위한 전략경영 과정의 중요성은 지속해서 강화되고 있다.

전략경영 과정은 목표를 수립하고 외부환경과 내부환경(역량)을 분석하여 현황과 미래 모습 간의 차이(gap)를 파악하며, 이를 극복하기 위한 전략을 수립하고, 실행하며, 평가하고, 피드백하는 과정으로 구성된다.

전략경영 과정은 크게 목표 수립, 환경분석, 내부분석, 전략수립, 전략실행, 평가 및 피드백의 과정으로 구분될 수 있다.

목표 수립 단계에서는 기업의 장기적인 발전방향인 비전과 함께 달성하고자 하는 구체적인 목표를 결정하게 되는데, 이 과정을 통해 기업은 To-be 이미지를 결정하게 된다. 다음으로 환경분석 단계에서는 기업의 내부와 외부환경분석을 실행하는데, 이 분석을 종합적으로 현황(As-is) 분석이라고 한다. 외부환경 분석에서는 기업활동과 성과에 영향을 미칠 수 있는 외부요인들에 대한 포괄적인 검토가 이루어진다. 즉 동종업계 경쟁 구조와 관련한 산업 환경과 정치, 경제, 기술, 사회 등 기업운영에 직간접적으로 영향을 미치는 거시적 환경 요소들을 모두 검토하는데, 기업은 외부환경 요소들에 대한 검토를 통해 기업을 둘러싼 기회(opportunity)와 위협(threat) 요인들을 파악할 수 있다. 내부환경 분석 단계에서는 자사가 처한 기업 내부 여건에 대한 검토를 수행한다. 구체적으로 기업은 내부환경 분석을 통해 자사가 보유한 자원과 능력, 조직구조, 리더십, 기업문화 등에 대한 조사와 분석을 실행하여 자사의 강점(Strength)과 약점(weakness)을 파악할 수 있다.

전략 수립은 기업의 사명(mission)과 비전(vision)에 기초를 두며 외부환경과 내부환경 분석에서 얻어진 결과들을 이용한다. 즉 기업은 외부환경과 내부환경 분석을 통해 자사의 강점을 토대로 주어진 기회를 유리하게 활용하고, 위협에는 적절히 대처하며, 약점은 적절히 보완할 수 있는 전략대안들을 도출해 낸다. 전략은 기업전략, 사업전략, 기능전략을 연계하여 위계적으로 수립한다. 다음으로 전략실행은 일련의 계획이나 예산, 절차에 따라 전략이 실제로 이루어지는 단계이다. 주로 중간관리자 또는 하위관리자들이 전략의 실행을 담당한다.

마지막으로 평가와 피드백 단계는 기업의 경영활동을 감독하고 실제 성과치와 기대 성과치를 비교하는 단계이다. 전략경영 프로세스의 마지막

단계이지만 전략의 평가를 통해 앞선 단계에서의 미흡한 점이 발견되면 해당 단계로 돌아가서 다시 시작될 수 있다. 신속한 피드백이 이루어질 수 있는 시스템이 마련되어 있어야 전략 평가가 효과적으로 이루어질 수 있다.

종합해 보면 기업은 전략경영 과정을 통해 최우선으로 기업의 비전과 목표를 명확히 하여야 하며, 기업을 둘러싼 변화하는 외부환경 분석과 보유한 자원과 능력 등에 대한 내부환경 분석을 통해 시장의 기회를 발굴하며, 자사가 보유하고 있는 필요 핵심역량의 수준을 고려하여 어떤 전략을 선택할 것인지를 결정한 후 이를 추진하기 위한 보다 구체적인 중장기 계획을 수립하여 추진하고 지속해서 점검해야 하는 것이다.

기업 외부환경 분석

목표달성에 영향을 미칠 수 있는 직면하고 있는 주요 이슈들과 영향을 파악하고, 이에 대응하기 위한 효과적인 전략을 수립하기 위하여 기업은 환경분석에 기초한 '현황 분석(As-Is Analysis)'을 실행해야 하는데, 여기서 환경은 기업의 목표 달성에 영향을 미칠 수 있는 기업의 내외부 요인들의 집합체를 의미한다.

경영전략에 수립에 있어 외부환경은 기업을 둘러싸고 있으며 직간접적 영향을 미칠 수 있는 모든 형태의 정태적, 동태적 상황을 의미한다. 오늘날 기업을 둘러싸고 있는 환경 요소들은 매우 빠르게 변화되고 있으며, 그 변화의 범위 폭도 매우 넓다. 기업이 외부의 환경과 끊임없이 상호작용하면서 적응해 나간다고 볼 때, 외부환경 분석은 기업 운영과 성과에 영향을 미치는 외부환경의 기회와 위협 요소들을 파악하기 위한 것이다. 외부환경 분석을 통해 기업은 법과 규제, 정치적 환경, 경제적 환경, 사회적 환경, 공급자, 소비자, 경쟁자 등의 외부환경 요소들이 기업의 목표 달성에 유리하게 영향을 미치는 기회요인으로 작용할지, 혹은 기업활동에 부정적인 영향을 미치는 위협요인으로 작용할지를 평가할 수 있다.

반면 내부환경 분석은 기업의 인적자원, 물적자원, 재무자원, 명성자원, 기술자원 등을 포함하는 자원과 생산, 마케팅, 연구개발, 조직구조, 조직문화, 대고객 관계 등 다양한 활동부분에서 자원을 복합적으로 활용하는 능력, 경쟁사들보다 우수한 자원과 능력인 핵심역량을 포함하는 내부 상황을 분석하는 것이다. 내부환경분석을 통해 기업은 경쟁우위를 확보하는 데 도움이 되는 강점요소들을 찾아내고, 상대적으로 미흡한 약점 부분을 찾아 보완할 수 있다.

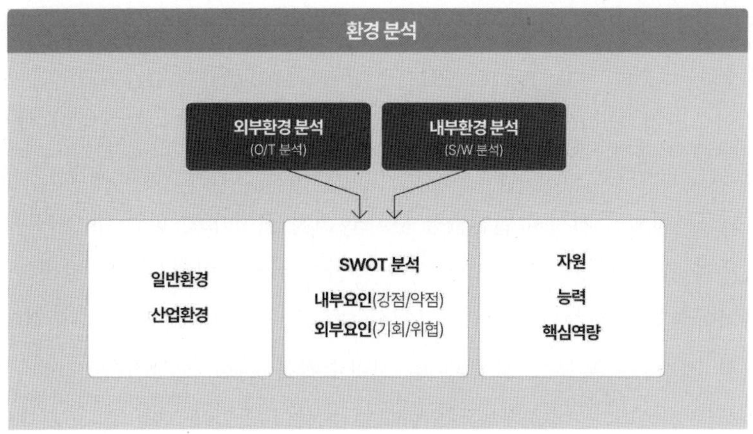

그림 2 환경 분석

제1절 | 일반환경 분석

기업의 활동과 성과에 영향을 미칠 수 있는 외부환경의 구성요소들은 일반환경과 산업환경 요소들로 구분될 수 있다. 일반환경 요소들은 기업 경영에 직간접적으로 영향을 미칠 수 있는 정치적 환경, 법률적 환경, 경제적 환경, 사회 · 문화 환경, 기술적 환경, 자연환경, 국제적 동향과 같은 거시적인 요인으로서, 개별 기업이 변화시키기 어려운 요소들이다. 일반환경 요소들은 상호 간에 영향을 미칠 수 있는 연관성을 가지고 있다. 즉 경제적 환경 요소인 이자율의 변화가 사회적 환경 요소인 소비자들의 구매 성향에 영향을 미칠 수 있는 것처럼, 한 가지 환경 요소의 변화는 다른 환경 요소의 변화를 초래할 수 있는 것이다. 반면 산업환경분석은 기업활동과 성과에 중대한 영향을 미칠 수 있는 주요 이해관계자들과의 관계를 분석하는 것이다. 산업환경 요소들은 산업의 구조적인 특성과 관련된 요소로서, 기업의 활동과 성과에 보다 직접적이고 중대한 영향을 미칠 수 있고 기업이 변화시킬 수 있는 요소들이다.

외부환경 분석의 절차는 거시적인 것부터 미시적인 것으로의 탐색 순으로 진행하는 것이 일반적이다. 구체적으로 정치와 법률, 경제, 기술, 사회·문화적인 거시적 일반환경 분석을 먼저 진행하고, 산업 내 이해관계자들과 관계에 대한 구조적 특성을 분석하는 산업환경분석을 진행하며 마지막으로 경쟁자들의 목표, 산업에 대한 가정, 자원과 역량 수준 등에 대한 경쟁환경분석을 실행한 후 전략수립을 위한 시사점을 도출하는 순서로 진행된다. 아래에서는 일반환경 분석의 정의와 목적, 분석 프레임워크와 구성요소, 실제 분석사례에 대해 살펴본다.

1. 일반환경 분석의 정의와 목적

사업의 전망을 검토하고 계획을 수립할 때는 항상 외부환경을 분석하여 자사의 상황을 검토해야 한다. 그 중에서도 거시적인 외부환경은 시장 전체의 변화에 중대한 영향을 미칠 수 있는 요소들이다. 아무리 자원이 풍부하고 기술이 뛰어나도 정치법률적 환경변화로 인해 법이 바뀌고 사업을 지속할 수 없게 된다면, 회사는 문을 닫을 수밖에 없을 것이다. 또한 저출산은 개별 기업이 변화시킬 수 없는 사회적 환경 요소이지만, 유아용품에 대한 소비 감소와 고급화 트렌드를 발생시키는 요인이 될 수 있다.

이와 같이 일반환경 분석에서는 기업의 활동과 성과에 직간접적으로 영향을 미칠 수 있는 거시적인 환경요소들을 분석한다. 기업에 영향을 미치는 거시적 환경요소들로는 정치·법률적 환경, 경제적 환경, 사회·문화적 환경, 인구통계학적 환경, 기술적 환경, 국제적 환경 등이 포함되는데, 기업은 거시적인 일반 환경요소들에 대한 분석을 통해 기업 운영 및 신시장 개척과 관련한 기회 요소와 위협 요소들을 찾아낼 수 있다.

2. 분석 프레임워크와 구성요소

일반환경 분석 프레임워크로는 PEST 분석, PESTEL 분석, STEEP 분석, VOLS(Values and Life Style) 분석 등이 사용된다. PEST 분석에서는 기업을 둘러싸고 있는 거시적 환경요소들을 정치(political), 경제(economic), 사회(social), 기술(technological) 요소들로 구분하여 분석한다. PESTEL 분석에서는 정치, 환경, 사회, 기술적 요소들과 함께 환경(environmental) 요소와 법률(legal) 요소를 추가적인 기준으로 구분하여 분석한다. STEEP 분석에서는 사회(social), 기술(technological), 경제(economic), 생태(ecological), 정치(political) 환경 요소들을 구분하여 분석한다. 마지막으로 미국의 스탠퍼드대학교 연구 기관인 SRI(Stanford Research Institute)의 아놀드 미첼(Arnold Michell) 박사에 의해 1980년에 개발된 VOLS 분석에서는 기업환경을 사회(social), 인구통계(demographic), 글로벌(global), 정치/법률(political/legal), 기술(technological), 물리(physical), 자연(natural), 경제적(economics) 환경으로 세분화하여 분석한다.

일반환경 분석을 위한 분석 프레임워크 중 가장 보편적으로 많이 활용되는 것은 외부환경 요소들을 정치(politics), 경제(economics), 사회(society) 및 기술(technology) 환경 요소로 구분하여 기회와 위협 요소들을 파악하는 PEST 분석이다. PEST 분석은 외부환경 분석에 사용되는 효과적인 도구로써 기업에 영향을 줄 수 있는 주요 외부수준의 요인들을 식별하거나, 새로운 시장의 잠재력을 평가하기 위해 사용될 수 있다.

2.1 정치적 환경

정치적 환경은 정부가 경제에 간섭하는 정도를 나타내는데, 정권 교체,

정부의 정책 전환, 관련 법규 개정, 규제 강화 및 완화, 외교 문제 변화 등이 정치적 환경을 구성하는 대표적인 요소들이다. 정책, 제도, 정치적 안정성, 규제, 법인세 등 각종 세금 등의 요소들 이외에도 노동법, 소비자법, 고용법, 독점금지법, 환경법, 관세 등과 같은 법적요소들이 포함된다. 52시간 근무제나 최소 임금 변화, 중대재해 처벌법 등은 기업활동과 성과에 중대한 영향을 미칠 수 있는 정치적 환경 요소들의 예이다.

일반적으로 정치적 환경 요소들은 기업의 활동과 성과에 직접적인 영향을 미치는 항목들이다. 따라서 자사에 해당하는 정치적 변화나 법규의 변화를 알지 못할 때 큰 경제적 손실이나 법적 책임이 따를 수 있다. 또한 산업 간의 차이를 보면 특별히 환경, 건설산업 부문과 같이 규제에 민감한 산업 부분에서 매우 중요하게 검토되어야 한다.

2.2 경제적 환경

경제적 환경 요소에는 경제성장률, 금리, 환율, 인플레이션 정도, 소득분포, 저축률, 이자율 등이 포함된다. 또한 세계의 경제 동향, 물가 변동율, GDP 성장률, 실업률, 광공업 생산지수 등 다양한 경제지표와 향후 전망도 포함된다. 이 같은 경제적 환경의 요소들은 기업활동과 성과에 중대한 기회와 위협요소가 될 수 있다. 예를 들어 금리는 기업의 비용에 중대한 영향을 미치는 요소이고, 환율은 수출 기업의 경쟁력과 성과에 중대한 영향을 미치는 요소로서 경제 주체(기업)가 의사결정을 내리는 과정에서 매우 중대한 영향을 끼친다.

2.3 사회적 환경

사회적 환경 요소에는 문화적 요소, 가치관 변화, 인구성장률, 연령대 분포, 직업 태도, 안전 관련 요소 등이 포함된다. 구체적인 요소로는 출생률, 사망률, 사회계층 간 임금 격차, 연령분포, 인구구조와 같이

나이, 성별, 소득수준과 관련한 인구통계학적 특성과 함께 소비자 생활양식, 문화적 변화, 인식 변화 등과 같은 문화적 태도와 관련한 요소들이 있다. 사회적 환경요소들은 기업의 제품 기획과 경영 방식에 중대한 영향을 미칠 수 있는 요소들이다. 예를 들어 자녀 수가 줄고 고령자가 늘면 학교 경영은 어려워지지만 노인 요양시설이나 간병과 관련한 사업은 성장할 가능성이 높다. 또한 고령인구가 많아진다는 것은 노동력이 줄어 노동투입 비용이 증가되는 위협요소가 될 수 있다.

2.4 기술적 요인

기술적 환경은 R&D 활동, 자동화, 신기술, 기술변화 속도, 산업 및 경제의 디지털화 등의 요소들을 포함한다. 기술적 환경요소들은 진입장벽, 제품개선, 신제품 개발, 생산공정 혁신을 통한 비용 절감에 중대한 영향을 미칠 수 있는 요소들이다. 혁신적인 기술은 거대한 신규시장을 창출할 수 있는 기회가 되기도 하지만, 기존의 시장을 파괴하는 위협이 되기도 한다. 인터넷 보급으로 인터넷 광고시장은 확대되었지만, 기존 신문이나 잡지 등의 미디어 광고 시장은 중대한 위협에 직면하게 된 것을 예로 들 수 있다.

3. 일반환경 분석 예제

3.1 예시1 - ㅇㅇ제약의 일반환경 분석 (2007년)

일반환경 분석에서는 기업활동과 성과에 직간접적으로 영향을 미칠 수 있는 모든 거시적인 환경요소들을 도출한 후 이 중에서 보다 중대한 영향을 미칠 기회요소와 위협요소들을 결정한다. 그림의 예시는 2007년도에 ㅇㅇ제약 회사의 2015 중장기 목표와 전략을 수립하는 과정에서 해당 기업이 직면하고 있는 일반환경요소들을 도출하고, 이중 가장 중대한 영향을 미칠 것으로 판단된 위협요소와 기회요소들을 정리하여 제시한 것이다. [그림 3]에서 좌측에 표기된 4가지 요소들(1~4)은 위협 요소들이고, 우측에 표기된 4가지 요소들(5~8)은 기회 요소들이다.

그림 3 ○○제약의 환경 변화

▌위협요소

① 산업구조조정에 대한 정부의 의지

건강보험 재정 건전화를 위한 정부 차원의 약가 재평가와 약가를 인하시키기 위한 정책들이 준비되고 있었다. 예로 정부당국은 건강보험에 적용되는 약품의 선정을 위한 기존의 NLS(Negative List System)을 PLS(Positive List System)으로 변경하는 정책을 준비하고 있었는데, 이와 같은 정책들은 오리지널 약품을 생산하는 대형제약사보다 복제(제너릭)약품을 생산하는 중견, 중소 제약사들의 매출 성장을 감소시키는 보다 중대한 위협이 될 것으로 예상되었다.

② 자유무역협정(FTA) 체결

한미 자유무역협정(FTA)의 체결이 임박한 상황이었다. 당시 대다수의 국내 제약사들은 글로벌 제약사들이 개발한 신약의 국내 판매를 위한 라이선스 계약을 체결하거나 오리지널 의약품의 특허 만료에 맞춰 제네릭 의약품이나 개량 신약을 생산해 판매하는 방식을 취해왔다. 하지만 한미 FTA에서의 의약 분야 협상결과로 식약청의 품목허가 심사기간이 신약 특허기간에서 빠지게 되었다. 보통 품목허가 심사는 2년 정도 걸리는데 결과적으로 국내 제약사가 제네릭 약품을 시장에 내놓을 수 있는 시기가 2년 정도 더 늦춰지게 된 것이다. 또한 신약 품목허가 때 제출된 임상 자료를 최소 5년간 국내 제약사가 제네릭 개발에 원용할 수 없도록 했다. 따라서 한미 FTA로 인해 오리지널 의약품의 특허 만료 기간이 기존 15년에서 20년 수준으로 확대되는 '신약의 특허권 강화'가 예상되었고, 이에 따라 국내 제약사들이 제네릭이나 신약과 약효 주요 성분은 같지만 부속 성분이 일부 다른 '개량 신약'을 개발해 출시하기 어렵게 되었다.

③ 새로운 경쟁자의 출현

신약 개발 역량과 함께 원가 경쟁력을 보유한 대형 외국계 제약사들의 국내 진출이 예상되었다.

④ 선도기업으로의 시장 집중화

GMP(Good Manufacturing Practice)와 같은 정부 정책에 따라 약품을 생산하는 공장의 시설 기준이 강화되었다. 또한 정부관계 부처에서는 제약사의 생산시설을 수시로 점검하고, 기준에 미달하는 시설에 대한 규제를 강화할 수 있는 법률이 마련되었다. 이 같은 규제는 현대화된 생산시설을 구축하여 대량으로 약품을 생산하고 판매하는 대형 제약사들에게는 기회가 될 수 있지만, ㅇㅇ제약과 같은 중견 제약사에게는 위협이 되는 요소다.

위에서 볼 수 있는 것처럼 ㅇㅇ제약은 당시 단기적 이슈보다는 잠재적 문제점들이 많아 이에 대한 조속한 해법을 마련하여 실행해야 할 것으로 판단되었다.

▌도전요인 1: 정책변화에 따른 입지 축소

정책변화(PLS, GMP, FTA)에 따라 ○○제약과 같은 중견 제약업체의 경우 매출 감소 및 경쟁력 저하에 따른 생존 능력 자체에 대한 위기가 존재했다. 따라서 정책에 따라 다수의 제품군 유지가 어려워짐에 따라 선택과 집중을 위한 제품구조조정을 단행해야 한다는 필요성에 직면하고 있었다.

▌도전요인 2: 고객 규모 변화와 특정 고객의 높은 비중

○○제약의 주요 시장인 복제약품 시장에 대한 글로벌 경쟁사들의 진입가능성이 커지면서, 성장성이 높은 종합병원 시장에서는 외자사의 경쟁력이 확고하게 고착화되어 가고 있었다. 따라서 ○○제약은 영업 및 마케팅에서의 경쟁력 강화로 주요 시장에서의 고객 유지 및 확대를 추진해야 하며, 종합병원 시장을 대상으로 하는 보다 적극적인 시장 개척이 이루어져야 하는 필요성에 직면하고 있었다.

또한 약가 인하 압력으로 인한 기대 매출 감소와 투자 비용 부담을 극복할 수 있는 제약사를 중심으로 시장 점유율 확대와 M&A 주도를 통한 시장 재편이 예상되었다.

▌기회요소

① Mega Trend 변화

건강한 삶의 중요성에 대한 사회적 인식이 강화되고 삶의 질적 가치(QoL: Quality of Life)를 중요시하는 사회문화적 트렌드가 강화됨에 따라 의약품의 수요가 증가할 것으로 예측되었다.

② 고객 규모의 변화

의약품의 소비가 평균적으로 3배 이상 많은 노인인구가 빠르게 증가하고 있었다.

③ 새로운 효능 제품에 대한 니즈(needs) 대두

치료약뿐만 아니라 건강보조제 등에 대한 수요가 빠르게 증가하는 등 새로운 효능 제품에 대한 니즈가 증가했다.

④ 시장 확대 방향성 대두

FTA 체결로 인해 해외시장 진출 가능성이 확대되었다. 단기적으로는 제네릭과 개량신약을 중심으로 한 해외시장 진출기회가 확대되었고, 중장기적으로는 글로벌 신약 개발 및 수출의 기회가 강화되었다.

3.2 예시 2 - 우버 & 에어비앤비

2016년을 기준으로 가장 크게 성장한 회사는 어디일까? 구글 또는 페이스북? 물론 그들도 크게 성장했지만, 그들을 뛰어넘은 회사가 바로 우버(Uber)와 에어비앤비(Airbnb)이다. 우버와 에어비앤비의 시가총액은 2016년 8월 기준으로 각각 680억 달러와 300억 달러로 구글과 페이스북의 시장가치가 지난 3년간 약 2배와 4배 성장한 동안 이들은 각각 19배와 12배 이상 증가했다. 구글과 페이스북이 정보를 활용한 삶의 질적 변화를 가져왔다면 우버와 에어비앤비는 공유경제라는 사회문화적 환경의 기회를 활용하기 위해 정보와 물리적 이동이나 공간을 결합해 삶을 변화시켰다.

사실 자원이 희소했던 과거에는 공유경제가 매우 자연스러웠다. 그러나 산업혁명 이후 공업이 발달하면서 자원과 상품이 풍족해졌고, 사람들의 이동이 많아졌으며, 인간관계 또한 2차 관계 위주로 재편되면서 공유 행위는 점차 줄어들었다. 그런데 상황이 조금씩 바뀌게 되었다. 자원이 희소해진 것은 아니지만, 자원의 낭비와 절감에 대한 인식이 높아졌다. 또 취향이 다양해지고 더 많은 상품 소비에 대한 욕구가 생기면서 모든 욕구를 구매로 대응하기 어려운 측면도 커졌다. 한편 인터넷, 모바일을 통해 새로운 인간관계가 형성되고 공유 경제의 대상 지역이 넓어지면서, 공유경제를 구현할 수 있는 사회적 인프라가 강화되었다. 과거에는 사람들이 제품을 소유하고 자랑함으로써 만족감을 느꼈지만, 이제는 많은 사람들이 좋은 물건이나 서비스를 체험하고 그 경험을 즐기는 것에 더 큰 가치를 두고 있다는 것이었다. 세계적으로 저성장에 접어들면서 공유 경제의 중요성은 더 부각될 가능성이 높았다.

더 많은 제품을 생산하고 판매함으로써 수익을 창출해야 하는 제조업의 입장에서는 공유경제 모델이 큰 위협일 수 있다. 이에 여러 제조업체 또한 공유서비스를 접목해 추가적인 수익을 창출하기 위한 시도했는데, 자동차 업계를 예로 들면, GM(Maven), 포드(GoDrive), BMW(DriveNow, ReachNow) 등 대부분의 완성차 업체가 직접 카셰어링 서비스에 뛰어들고 있었다. 맥킨지의 분석에 따르면 이와 같은 카셰어링 및 기타 차량 관련 서비스를 통해 얻는 매출이 2030년에는 자동차 산업 전체 매출의 약 30%에 이를 것으로 예상되었다.

▮환경요소 간의 영향

정보통신 기술을 비롯한 다양한 기술이 공유경제를 촉발하였다는 것에 대해서는 이견이 없다. 인터넷, 모바일을 통해 새로운 인간관계가 형성되고, 공유경제의 대상 지역도 크게 넓어지면서 공유경제의 가능성이 커졌다. 또한 로컬 클라우드 기반의 이미지 처리기술 및 증강현실, 가상현실 기술은 이용자 간 커뮤니케이션을 훨씬 더 원활하게 하였고, 빅데이터 및 인공지능 기술은 최적의 매칭을 가능하게 했다. 핀테크 기술이 거래의 편리성과 안전성을 크게 증대한 것은 말할 필요도 없다.

제2절 | 산업환경 분석

1. 산업환경 분석의 정의와 목적

기업이 당면한 기회요인과 위협요인을 이해하기 위해 거시적 측면에서 일반환경 분석을 실행했다면, 좀 더 좁은 범위의 환경을 이해하기 위해서는 산업환경에 대한 분석을 실행해야 한다. 산업환경 분석은 특정산업의 사업 환경에서 공급업체, 고객과 같은 중요한 이해관계자 집단을 조사하여 분석하는 것으로서, 기업이 속한 산업의 구조적 특징을 분석하여 산업의 매력도를 파악하기 위한 목적하에 수행한다.

산업의 구조적인 특성은 그 산업에 속한 기업들의 성과에 직접적인 영향을 미치기 때문에 산업의 매력도가 높으면 그 산업에 속한 기업의 성과도 높게 나타난다. 즉 산업 평균 이익률이 높으면 그 산업 내 기업들의 이익률 또한 높게 나타날 가능성이 높은 것이다. 따라서 기업이 어떤 산업에 속해 있는지에 따라 그 기업의 성과가 중대한 영향을 받을 수 있고, 산업의 평균 이익률이 높으면 그 산업의 매력도는 높다고 평가될 수가 있다.

일반환경과 달리 기업은 산업환경 요소들을 변화시키는 데 영향을 미칠 수 있다. 따라서 기업은 산업환경 분석 결과에 기초하여 산업의 구조적인 특성을 자사에 유리하게 만들기 위한 다양한 전략을 수립하여 실행할 수 있다. 산업환경 분석에 앞서 기업들은 시장세분화를 통해 목표시장을 선정한다.

2. 시장세분화와 목표시장 선정

시장세분화(Market Segmentation)는 소비자 수요의 이질성이나 제품 특성 등에 따라 시장을 여러 개의 세분시장으로 분할하는 것을 말한다. 시장세분화의 목적은 목표시장의 선정과 시장 기회요인의 파악 및 활용이다. 즉 기업은 목표시장으로 선정(Target Market)한 세분시장 고객들의 니즈를 충족시키기 위한 최적의 제품을 개발하고 판매하는 전략을 수행할 수 있다.

이때 시장을 세분화하는 일반적인 기준으로는 소비자의 나이, 성별, 인종, 국적, 소득수준과 같은 인구통계학적 요소, 직업 및 생활관습과 같은 사회문화적 요소, 지역적 구분에 따른 지리적 분포가 기준으로 사용될 수 있으며, 라이프스타일이나 개인적 특성과 같은 심리적인 요소와 소비자 행동이나 구매 행동과 같은 소비패턴 요소를 기준으로 하는 경우도 있다. 또한 소비자 시장 기준 이외에도 제품별 구분이나 기술적 차이와 생산의 연관성 등과 같은 산업시장의 특성을 기준으로 시장을 세분화하기도 한다.

▌시장세분화의 기준

① 소비자 시장(Consumer Market) 기준

- 인구통계학적 요소: 나이, 소득수준, 성별
- 사회문화적 요소: 사회계층, 직업
- 지리적 요소: 거주지역
- 심리적 요소: 라이프스타일, 개인 특성
- 소비패턴요소: 소비량(상/중/하)

② 산업시장(Industrial Market) 기준

- 제품별 구분: 산업분류
- 기술적 차이, 생산의 연관성

3. 마이클 포터의 5 Forces Model

어떤 요인들로 인해서 산업 간에 매력도와 이익률에서 차이가 발생하는지를 분석하는 것은 매우 중요하다. 이것에 대한 해결책을 제시한 학자가 바로 마이클 포터(Michael E. Porter) 교수이다. 포터 교수는 산업의 이익률 또는 기업의 성과에 중대한 영향을 미치는 산업의 구조적인 특성들을 5가지 세력으로 구분하여 제시했는데, 이것이 바로 '산업구조분석모형(5 Forces Model)'의 다섯 가지 세력 모델이다.

포터 교수가 제시한 산업의 구조적인 특성 5가지는 '현존하는 경쟁자들 간의 경쟁정도(Rivalry Among Existing Competitors)', '공급자의 협상력(Bargaining Power of Suppliers)', '구매자의 협상력(Bargaining Power of Buyers)', '대체재의 위협(Threats of Substitute Products)', 그리고 '신규경쟁자의 진입 위협(Threat of New Entrants)'이며, 산업구조분석모형에서는 각각의 세력이 얼마나 위협적인가에 대해 분석한다. 만약 모든 세력의 위협수준이 낮으면 그 산업은 매력적인 산업으로 판단될 수 있으며, 산업평균 이익률도 높게 나타난다. 반대로 모든 세력의 위협수준이 높으면 그 산업은 매력적이지 않으며 그 산업에 속한 기업들의 성과도 낮게 나타날 가능성이 높다.

기업이 산업 내에서의 경쟁에서 살아남으려면 경쟁이 심하지 않고 매력적인 산업 부문 또는 세분시장을 선택해 유리한 위치를 선점하는 것이 매우 중요하다. 또한 개별 기업이 변화시킬 수 없는 일반환경 요소들과 달리 산업환경 요소들은 기업이 변화시킬 수 있는 요소들이기 때문에, 기업은 산업구조분석모형의 분석 결과에 기초하여 산업의 구조적인 특성을 자사에 유리하게 변화시키기 위한 다양한 전략을 수립하여 실행할 수 있다.

이하에서는 산업구조 분석모형에서 제시하고 있는 각각의 구조적 특성들에 대해 좀 더 자세히 살펴보도록 한다.

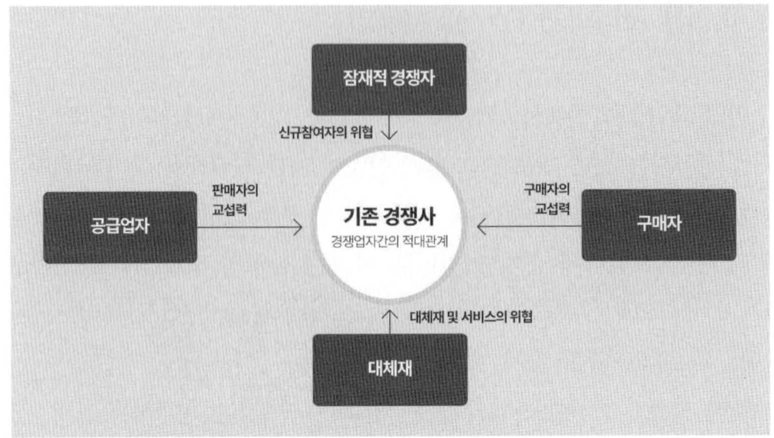

그림 4 산업구조 분석모형

3.1 신규 경쟁자의 진입 위협

신규 경쟁자의 진입 위협(Threat of New Entrants)은 특정 산업에 진입하는 것이 얼마나 어려운지에 대한 정도를 나타낸다. 신규경쟁자의 진입 위협의 정도는 진입장벽(Entry Barrier)의 높이로 측정하는데, 진입장벽이 높을수록 해당 산업 부문에 대한 신규경쟁자의 진입 위협은 낮은 것으로 판단된다. 따라서 산업 부문의 기존 기업들은 새로운 진입자를 막기 위해 진입장벽을 높여야 한다. 신규 경쟁자의 진입 위협은 다음과 같은 경우에 높아진다.

· 요구되는 초기 투자 자본금의 수준이 높지 않다.
· 진입 시 기존 기업의 보복 가능성이 작다.
· 제품의 차별화 정도가 높지 않다.
· 시장 진입과 관련한 정부의 규제가 없다.
· 고객 전환비용이 낮다.
· 고객 충성도가 낮다.
· 제품이 거의 유사하다.

· 규모의 경제 효과가 높지 않다.
· 유통채널에 대한 접근이 용이하다.

3.2 공급자의 교섭력

강력한 공급자의 교섭력(Bargaining Power of Suppliers)은 공급자가 구매자에게 더 높은 가격 또는 낮은 품질의 원자재를 판매할 수 있게 해준다. 그리고 이는 구매자의 생산 효율성과 이익에 부정적인 영향을 미치게 된다. 공급자의 교섭력은 다음과 같은 경우에 높아진다.

· 공급업체의 수가 제한적이다.
· 공급업체 규모가 크다.
· 대체 원자재가 없어 완제품 생산에 절대적 요소이다.
· 공급자의 전방통합 위협이 존재한다.
· 공급자가 제공하는 원자재를 변경하기 위한 전환비용이 높다.

3.3 구매자의 교섭력

강력한 구매자의 교섭력(Bargaining Power of Buyers)은 생산자로부터 저렴한 가격 또는 높은 제품 품질을 요구할 수 있도록 해준다. 따라서 생산자의 수입이 줄어들거나, 생산비용이 높아지게 되는 원인이 될 수 있다. 구매자의 교섭력은 다음과 같은 경우에 높아진다.

· 대량으로 구매하는 구매자이다.
· 오직 소수의 구매자만이 존재한다.
· 다른 제품으로 변경하는 구매자의 전환비용이 낮다.
· 구매자의 후방통합 위협이 존재한다.

3.4 대체재의 위협

대체재란 고객의 니즈를 다른 형태로 채워주는 제품이나 서비스를 의미한다. 예로 가정에서 난방할 때는 등유, 가스, 전기, 연탄 등 난방을 위한 복수의 다양한 에너지원을 사용할 수 있다. 이 밖에도 다양한 대체재들이 존재하는데, 아래는 대체재의 예제들이다.

· 설탕과 인공감미료
· 화장실 티슈와 비데
· 자전거와 자동차
· 부가기능이 대체재로 활용되는 경우 - 휴대전화와 시계, 휴대전화와 카메라

대체재의 위협(Threat of Substitutes) 정도는 대체재의 품질과 가격경쟁력에 따라 달라진다. 구체적으로 구매자가 매력적인 가격이나 품질이 좋은 대체 제품을 쉽게 찾을 수 있을 때 대체재의 위협 정도는 높아진다. 또한 적은 비용으로 제품이나 서비스를 다른 제품으로 전환할 수 있는 경우에도 대체재의 위협은 높아지는데, 예로 커피에서 차로 전환하는 것은 오토바이에서 자동차로 전환하는 것보다 비용이 크게 들지 않기 때문에 대체재로써의 위협의 정도가 더 높다고 볼 수 있다. 대체재는 그 존재만으로도 기존 제품의 가격상승 폭을 제한하는 '가격 제한(Price Ceiling)'의 효과를 발생시킬 수 있다.

3.5 현존하는 경쟁사 간의 경쟁 강도

현존하는 경쟁업체 간의 경쟁 강도(Rivalry Among Existing)는 산업 부문의 수익성을 결정하는 중요한 요소이다. 경쟁 정도가 높은 산업에서 기업은 시장 점유율을 높이기 위해 적극적으로 경쟁해야 하며, 이로 인해 수익성은

악화할 수 있다. 현존하는 경쟁사 간의 경쟁 강도는 다음과 같은 경우에 높아진다.

· 유사한 규모의 다수 경쟁자가 존재한다.
· 경쟁기업들의 산업 부문 집중도가 높다.
· 산업 성장이 침체되었다.
· 제품을 차별화할 기회가 적다.
· 고객 충성도가 낮다.
· 전환비용이 낮다.
· 높은 출구 장벽이 존재한다.

기업 내부환경 분석

제1절 | 내부환경 분석과 경쟁우위

1. 내부환경 분석의 정의와 목적

내부환경 분석은 기업이 보유하고 있는 인적자원, 물적자원, 재무자원, 기술자원 등 다양한 자원(resource)과 이들 자원을 활용하는 능력(capability)과 핵심역량(Core Competence)을 분석하는 것이다. 여기서 핵심역량이란 경쟁사에 비해 더 우수한 자원과 능력으로서 경쟁우위 확보의 기반이 되는 요소를 말한다. 내부환경 분석의 목적은 기업이 경쟁우위를 확보하기 위해 활용할 수 있는 강점(strength)을 찾아 활용하고, 경쟁사에 비해 열위에 있는 약점(weakness)을 찾아 보완하는 데 있다.

외부환경 분석을 통해, 기업은 "무엇을 해야 하는지?"(What they might to do?)를 결정할 수 있는 반면, 내부환경(역량) 분석을 통해서는 "무엇을 할 수 있는지?"(What they can do?)를 결정할 수 있다. 따라서 현황분석을 통한 최적의 전략수립을 위해서는 외부환경 분석뿐만 아니라 내부환경 분석을 반드시 수행할 필요가 있다.

2. 경쟁우위

2.1 정의와 예시

경쟁우위는 경쟁사에 비해 더 많은 경제적 가치(Economic Value)를 창출할 수 있는 능력을 갖췄을 때 획득할 수 있다. 기업이 보유한 경쟁우위는 경쟁기업보다 비용을 낮춰 낮은 가격으로 제품과 서비스를 제공하거나, 높은 가격을 지불하더라도 제품과 서비스를 소비하게 만드는 차별화된 가치를 제공하여 경쟁자보다 더 유리한 경쟁지위를 확보하고 성과를 높이는 데 도움이 된다.

예로 쿠쿠홈시스는 성광전자라는 기업명으로 1970년대 부산에서 처음 사업을 시작하였다. 처음에는 주문자인 LG전자의 의뢰에 따라 주문자의 상표를 부착하여 판매할 상품을 제작하는 OEM(Original Equipment Manufacturer) 업체로 사업을 시작하였으나, 1997년 IMF 위기로 납품이 중단되었고, 1998년 쿠쿠(CUCKOO)라는 자체 브랜드 제품을 출시하여 새로운 도약을 시작하였다.

쿠쿠홈시스가 1998년 시장에 처음 선보인 '쿠쿠'는 시장진출 1년 만에 시장점유율 1위를 차지했던 히트상품이다. 쿠쿠홈시스는 우수한 기술역량에 기초하여 국내 시장에서 압도적인 점유율 1위를 기록하고, 주부들이 가장 갖고 싶어하는 제품으로 선정되었으며, 신혼부부들의 혼수품 1순위에 오르기도 했다. 천연 곱돌을 직접 깎고 다듬어서 만든 '일품석 IH전기압력밥솥'은 돌솥의 주재료로 사용되었던 천연곱돌을 100여 번의 공정과정을 거쳐 내솥으로 만드는 데 성공한 제품으로서, 돌솥밥은 물론이고 누룽지, 숭늉까지 맛볼 수 있는 제품이다.

쿠쿠홈시스 기술연구소가 보유하고 있는 특허 및 실용신안은 200여 건이 넘는 것으로 알려져 있다. 이 기술연구소에서는 매일 30~40kg의 쌀로 100여 대의 밥솥을 테스트하며 제품 개발과 연구에 힘을 쏟고 있다. 품질 개발 및 불량률이 0.3%를 밑도는 엄격한 품질관리도 쿠쿠홈시스의 명성에 한몫하고 있다. 쿠쿠홈시스는 품질경영을 기업의 최우선 경영과제로 삼고 100여 가지의 품질검사 및 370가지 안전성 테스트를 통해 품질 수준을 끌어올리고 있다.

오늘날 과거 쿠쿠홈시스와 밥솥 시장에서 경쟁했던 LG와 삼성 모두 밥솥 사업에서 손을 뗀 상태다. 일본에 여행이나 출장을 가면 하나씩 사왔다는 코끼리 밥솥도 손을 들었다. 오히려 쿠쿠홈시스는 한때 밥솥 종주국이라 일컬어지던 일본에까지 제품을 수출하고 있다. 쿠쿠홈시스는 자사의 기술력을 경쟁우위 요소로 활용하여 위기를 기회로 바꿀 수 있었던 것이다.

2.2 경쟁우위 창출 방법

경쟁우위는 정부 규제의 완화나 환율 변동과 같은 외부환경의 변화를 감지하고 기회를 선제적으로 포착하는 활동을 통해 창출될 수 있다. 또한 경쟁사보다 우수한 자원을 개발하고 확보하는 활동을 통해서도 창출될 수 있습니다.

기업의 경쟁우위 달성 방법과 관련하여 많은 이론이 제시되어 온 바 있다. 이와 관련하여 기업의 전략과 성과에 영향을 미치는 보다 중대한 요소로서 외부환경의 중요성을 강조했던 산업구조론(I/O Model)에서는 기업이 매력적인 산업을 찾아 진입하고 해당 산업 부문에서 선제적이고 유리한 위치에 포지셔닝 하는 것의 중요성을 강조하고 있다. 반면 기업활동과 성과에 영향을 미치는 보다 중요한 요소로서 외부환경보다 기업 내부 요소들의 중요성을 강조하는 자원기반이론(Resource-based View)에서는 경쟁우위 달성을 위해 가치를 제공해주고, 희소성이 있으며, 모방이 어렵고, 대체하기 어려운 자원을 확보하여 활용하는 기업활동의 중요성을 외부환경요소들보다 더 강조하고 있다.

사실 기업은 인공지능이나 신재생에너지와 같은 매력적인 산업 부문에 선제적으로 진입하여 유리한 경쟁적 지위를 확보함으로써 경쟁우위를 획득할 수 있다. 또한 쿠쿠홈시스의 사례에서 볼 수 있는 것처럼 비록 산업의 매력도가 높지 않더라도 자원과 능력을 활용하여 경쟁사들이 모방하기 힘든 경쟁력을 확보할 수도 있다. 즉 기업은 좋은 전략을 수립하기 위해 기회요소와 위협요소들을 파악하기 위한 외부환경 분석과 함께, 자사의 강점과 약점을 파악하기 위한 내부환경의 분석을 반드시 실행할 필요가 있는 것이다.

제2절 | 내부환경 분석 절차와 구성요소

1. 내부환경 분석 절차

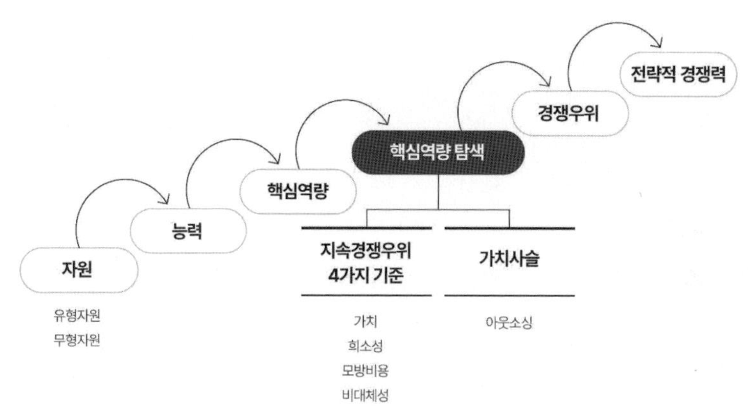

그림 5 내부환경 분석 절차

내부환경 분석의 절차는 기업이 보유한 자원에 대한 분석과 자원을 활용하여 창출하는 능력, 자원과 능력 중 경쟁사들보다 더 우수한 자원과 능력에 해당하는 핵심역량을 찾는 과정을 통해 순차적으로 진행된다. 또한 탐색한 핵심역량 중에서 지속가능한 경쟁우위에 기반이 될 수 있는 역량을 찾아내기 위한 VRIN 분석을 실행하며, 추가적으로 부가가치를 창출하는 기능 부문의 활동들을 분석하는 가치사슬분석을 실행하기도 한다. 그림은 경쟁우위와 전략적 경쟁력으로 이어지는 내부환경 분석의 구성요소와 절차들을 도식적으로 표현한 것이다.

2. 자원

자원(resource)은 기업의 총체적 자산이며 제품생산 과정에 투입되는 요소이다. 즉 기계와 같은 자본재, 종업원들이 보유한 기술, 기업이 보유한 특허권과 브랜드 등이 모두 기업의 자원이라고 볼 수 있는데, 기업이 보유하는 자원은 유형자원과 무형자원으로 구분될 수 있다. 유형자원에는 기업이 보유한 공장, 기계 건물 등의 물적자산과 금융자산, 특허권과 저작권과 같은 기술적 자원 등이 포함한다. 반면 무형자원에는 인적자원과 명성자원이 포함된다.

▮ 유형자원

기업이 가진 유형 자원은 눈에 보이기 때문에 쉽게 파악할 수 있고 평가할 수 있는 자원들이다. 기업의 대차대조표에서 파악할 수 있는 공장, 기계, 건물 등의 물적자산과 금융자산 등은 기업이 보유할 수 있는 대표적인 유형 자원들이다. 경쟁자들이 비교적 쉽게 모방할 수 있기 때문에 많은 경우 유형 자원의 가치는 제한적이다.

▮ 유형자원의 종류

① 재무적 자원

재무적 자원에는 기업의 보유하고 있는 내부유보와 외부로부터 자금을 조달할 수 있는 자금차입능력이 포함된다. 이와 같은 재무적 자원을 측정하기 위한 핵심지표로는 부채/자본의 비율, 자본지출에 대한 현금보유 비율, 신용등급 등이 있다.

② 물리적 자원

물리적 자원에는 토지와 건물, 공장과 설비규모, 원자재 등이 포함된다. 물리적 자원을 측정하기 위한 핵심지표로는 고정자산의 재판매가치, 자본

설비의 수명, 공장의 규모, 고정자산의 용도 전환 가능성 등이 있다.

③ 기술적 자원

기술적 자원에는 특허권, 저작권, 노하우, R&D 기술, 연구설비 등이 포함된다. 기술적 자원을 측정하기 위한 핵심지표로는 특허권의 수와 중요도, 독점 라이선스로부터 얻는 수익, 연구개발인력의 비중 등이 있다.

④ 조직적 자원

조직적 자원에는 조직구조(보고체계), 계획/조정/통제 시스템 등이 포함된다. 정량적인 지표로 측정하기는 어렵지만 ERP 시스템과 같은 체계적이고 효율적인 기업운영시스템을 구축하고 있는지 등을 통해 평가할 수 있다.

■ 무형자원

기업에 대한 좋은 이미지나 명성은 경쟁기업이 쉽게 모방하기 어려운 중요한 경영자원이 된다. 기업이 보유한 브랜드 이미지는 높은 가격 프리미엄을 가져다줄 수 있는 무형자원이다. 예로 마이크로소프트(MS)사는 매우 공격적이고 혁신적인 문화를 가지고 있다. 이러한 문화는 발전시키는 데 오랜 시간이 걸리고, 모방이 어렵거나 불가능하기 때문에 마이크로소프트사가 지속 가능한 경쟁우위를 달성하는 데 도움이 되는 강력한 기반이 되고 있다.

■ 무형자원의 종류

① 인적자원

인적자원에는 종업원들의 기술수준, 전문성, 충성과 헌신도 등이 포함된다. 인적자원의 수준을 측정하기 위한 핵심지표로는 종업원들의 교육수준, 기술 수준, 전문자격증 보유비율, 이직률 등이 있다.

무형자원의 일종인 인적자원은 기업 내 모든 개인의 경험, 지식, 위험감수 성향 등을 포함한다. 인적자원들이 보유한 지식은 가장 중요한 기업의 자원 중 하나이며 궁극적으로 모든 경쟁우위의 근원이 될 수 있다. 따라서 기업은 사람들이 자신의 개별 지식을 조직 구성원과 통합할 수 있는 환경을 조성하여 집단적으로 중요한 조직 지식을 창출하고 활용해야 한다.

② 명성자원

명성자원에는 기업에 대한 좋은 평판과 이미지, 명성과 브랜드 등이 포함된다. 명성자원은 경쟁사들이 단기간에 모방하기 어려운 자원이다. 명성자원을 측정하기 위한 핵심지표로는 브랜드 인지도, 경쟁브랜드와 비교했을 때의 상대적 가격 프리미엄, 재구매 비율 등이 있다.

▌사례: 소림사

소림사는 선종과 쿵후의 메카로서 1,500년의 역사를 가진 고찰이다. 오랜 역사와 전통을 가진 소림사가 1998년 소림사사업발전주식회사를 설립하고 본격적으로 비즈니스를 시작했는데, 이들은 진출 사업 부문을 선정하고 경쟁력을 확보하기 위해 쿵후, 전통 중의학 지식, 사찰경영 노하우 등의 무형자원을 적극 활용하였다. 구체적으로 쿵후 무술대회를 개최하여 선발한 무술인을 주인공으로 영화를 제작하고, 쿵후와 관련된 제품을 온라인을 통해 판매하였다. 또한 전통 중의학 지식을 활용하여 의료사업을 시작했으며, 사찰경영 노하우를 활용하여 주변 사찰들에 대한 위탁경영을 실시하기도 하였다.

"비즈니스적인 시각에서 보면, 소림사의 변신은 우리에게 시사하는 바가 크다. 소림사사업발전주식회사를 설립했던 경영전문석사(MBA) 출신이었던 스용신 주지 스님은 '변신은 과감히 하되 그 핵심 가치(Core Value)는 지켜라!'라는 비즈니스 혁신의 기본 원칙을 강조하며, 그 범위 안에서 적극적인 변화를 추구하였다."

3. 능력

자원(resource)은 기업이 전략 수립 및 실행에 이용하기 위해 보유하거나 통제할 수 있는 유·무형 자산이며, 능력(capability)은 통제하에 있는 자원들의 영향과 효과를 최대한 이용하여 전략을 수립하고 실행하기 위해 활용할 수 있는 유·무형 자산이다(Barney & Hesterly, 2014). 기업이 지속가능한 경쟁우위를 창출할 수 있는 기회는 보유한 자원과 능력에 따라 달라질 수 있다. 그리고 많은 경우 개별 자원이 경쟁우위의 원천이 될 가능성보다는 자원을 복합적으로 활동할 수 있는 능력이 경쟁우위의 원천이 될 가능성이 높다. 유통업계의 강자 월마트가 효율적인 재고관리 시스템과 물류시스템 부분에서의 능력에 기초한 경쟁우위를 확보하였고, 나이키가 마케팅, 제품개발 부문의 능력에 기초한 경쟁우위를 확보한 사례에서 볼 수 있는 것처럼, 기업의 능력은 유통, 인적자원관리(직원 동기부여), MIS, 마케팅, 관리, 제조, R&D 등과 같은 특정 기능 영역에서 형성되는 경우가 많다.

4. 핵심역량

핵심역량(Core Competency)은 고객에게 인식되는 가치를 높이거나 그 가치가 전달되는 과정을 더욱 효율적으로 할 수 있도록 해주는 역량, 즉 경쟁기업에 비하여 더 우수한 자원과 능력을 의미한다. 핵심역량은 많은 경우 자원과 능력을 축적하여 오랜 기간 동안 반복적으로 활용하는 과정을 통해 형성되는데, 사업부의 경쟁우위 원천이 될 수 있으며, 더불어 다양한 시장으로 진출할 수 있는 가능성을 제공하는 제품다각화 및 글로벌화의 지침 역할을 수행하고, 수직적 통합 또는 아웃소싱과 관련한 의사결정의 주요 판단 근거가 될 수 있다.

온라인으로 다양한 상품들을 판매하고 있는 아마존(Amazon)은 IT기술 분야와 물류 부문에 핵심역량을 가지고 있는 기업이다. 아마존은 온라인 주문이 급증하던 초기 월마트의 물류 전문가를 영입하여 물류센터의 확장을 도모하였다. 하지만 월마트의 물류센터를 모방한 초기 아마존의 물류센터는 온라인 고객의 개인화된 주문에 대응하기에 부적절하여 주문량이 폭증하는 추수감사절과 연말 시즌에는 물류센터가 아수라장으로 변하기 일쑤였다. 이에 아마존은 새로운 물류 전문가인 제프윌크(Jeff Wilke)를 영입하여 온라인 유통업체에 적합한 물류센터 구축을 위한 개혁작업을 진행했는데, 제프윌크는 아마존의 물류센터 운영을 관찰한 뒤 기존 소프트웨어를 폐기하고 온라인 주문에 대응할 수 있는 새로운 소프트웨어를 개발하도록 주문하였다. 그리고 그 결과 일주일씩 소요되던 주문 납기를 2일로 줄일 수 있었고, 물류센터 운영의 효율성도 큰 폭으로 개선하면서 물류센터를 아마존의 핵심역량으로 전환시킬 수 있었다.

하지만 핵심역량은 빠르게 변화되는 기업환경 속에서 '핵심 경직성(Core Rigidity)'이 될 수 있으므로 주의할 필요가 있다. 기존의 성공방식에 집착하고 변화를 수용하지 못하는 성향을 나타내는 핵심 경직성은 변화되는 환경에서 기업의 유연성과 전략적 변화를 저해하는 요인이 될 수 있다. 성공의 경험에 자아도취 되거나 익숙하거나 쉬운 선택을 반복하려고 하는 성향으로 인해 나타날 수 있는 핵심 경직성의 예로는 도요타(Toyota)의 리콜사례를 생각해 볼 수 있다. 도요타는 수직적통합 계열화를 통해 자동차 생산 및 판매를 위한 다수의 활동을 내부에서 수행할 수 있는 체계를 갖추고 있었다. 그리고 이와 같은 체계는 도요타가 철저한 품질관리에 기초한 우수한 품질 경쟁력을 달성하기 위한 중요한 핵심역량이 되었다. 하지만 환경이 변화되어 자동차 산업에서는 신흥시장에서의 경쟁력 확보, 환경을 중시하는 자동차의 개발, 규모의 경제효과를 통한 비용 절감이 경쟁우위 획득을 위한 핵심 성공 요인이 되었다. 하지만 수직적 계열화에 기초한 도요타의 품질향상 역량은 더 이상 이와 같은 변화된 환경에 부합하지 못했다. 도요타의 경영진은 과거의 성공방식에 집착하며 변화를 위한 적극적인 노력을 기울이지 않았고, 이것은 결국 도요타의 경쟁력을 약화시키는 요인이 되었다.

핵심 경직성에 대처하기 위한 기업의 역량이 환경 변화에 맞춰 내외부 자원을 통합하고 육성하며 재편하는, 유연성과 민첩성이 강조되는 '동태적 역량(Dynamic capability)'이다. 동태적 역량 이론에서는 기업 혁신 활동의 동태성을 강조하고 있는데, 구체적으로 기업이 빠르게 변화하는 환경에 적응하기 위해 조직 내부와 외부 역량을 통합, 구축, 재구성하는 자산 통합(Asset Orchestration)이 과정의 중요성을 강조하고 있다.

5. 지속가능한 경쟁우위

전략경영의 관점에서 기업의 성공을 가늠하기 위한 지표는 경쟁우위(Competitive Advantage)인데, 경쟁우위는 절대적인 우위가 아니라 경쟁자와 대비한 상대적 우위임을 유념할 필요가 있다. 경영자의 입장에서는 단기에 그치는 경쟁우위가 아니라 오랫동안 지속될 수 있는 지속가능한 경쟁우위의 획득을 위해 노력할 것이다. 그래서 우리는 '지속가능한 경쟁우위(Sustainable Competitive Advantage)'라는 용어를 경제 기사에서 자주 보게 된다. 지속가능한 경쟁우위의 확보는 모든 기업과 경영자의 욕구이자 경영전략의 기본적인 목표이다.

기업들은 지속가능한 경쟁우위의 확보를 위해 핵심역량을 개발하고 축적한다. 하지만 경쟁사들보다 우수한 자원과 능력을 의미하는 핵심역량들이 모두 지속가능한 경쟁우위 달성을 위한 기반이 되는 것은 아니다. 이와 관련하여 제이 바니(Jay B. Barney)는 특정 자원이 지속가능한 경쟁우위 달성의 원천이 되는 전략적 자산이 되기 위해서는 가치를 제공하고(valuable), 희소성이 있으며(rare), 모방이 불가능하거나 어렵고(inimitable), 대체하기 어려워(non-substitutable)야 한다는 조건, 즉 VRIN이 모두 충족되어야 한다는 주장을 제시하였다. 지속가능한 경쟁우위의 기반이 되기 위한 네 가지 조건을 좀 더 자세히 살펴보면 다음과 같다.

첫째, 가치성(valuable)은 시장과 고객이 알아주지 않는 가치 없는 자원과 역량은 핵심역량이 될 수 없음을 의미한다. 시장과 고객이 인정하지 않는 제품과 서비스를 만드는 기업이 있다면 당장 경쟁에서 밀려날 수밖에 없다. 그리고 설령 가치가 일정 정도 인식되더라도 경쟁자보다 우수한 가치를 제공하지 못한다면 경쟁 열위에 빠지게 된다.

둘째, 지속가능한 경쟁우위에 기반이 될 수 있는 역량이 되기 위해서는 가치성과 함께 희소성(rare)이 확보되어야 한다. 아무리 가치가 있더라도 누구나 가지고 있는 흔한 것이라면 경쟁우위의 원천이 될 수 없기 때문이다. 즉, 목표달성을 위해 남들이 갖지 못한 독특하고 가치 있는 자원이나 능력을 보유할 때 경쟁우위가 달성될 수 있는 것이다. 예로 A은행이 수익성이 높은 상품을 개발하여 선보이더라도 이 상품을 경쟁사인 B은행도 쉽게 개발할 수 있다면, 해당 상품은 지속가능한 경쟁우위에 기반이 되기 어렵다. 이것은 다른 경쟁사들과 비교할 때 평균적인 수익을 달성하여 동등한 수준의 경쟁이 가능할 수 있도록 해주는 역량에 해당한다.

셋째, 비모방성(inimitability)을 갖추어야 한다. 경쟁우위의 원천이라고 판단되는 순간 경쟁자들은 그것을 모방하기 위해 노력할 것이다. 경쟁자가 자체적인 노력이나 투자를 통해 동일하게 개발하거나 대체할 것을 고안하게 되면, 삽시간에 그 희소성과 가치성은 사라지게 된다. 반면, 모방이 아예 불가능하든지 모방하는 데 상당한 시간과 비용 투자가 필요하다면 경쟁우위의 지속성을 일정 기간 확보할 수 있다. 연구결과에 따르면 자원과 능력이 기업 특유의 역사나 경로 의존적인 발전과정을 통해 형성되었거나, 인과적 모호성(Causal Ambiguity)이 있는 경우, 또는 사회적 복잡성(Social Complexity)에 기초하여 형성되었을 경우 모방이 어려운 것으로 알려지고 있다. 또한 기업들이 최근 '특허 전쟁'이라는 표현이 나올 정도로 특허에 관심을 쏟고 있는데, 이는 특허가 핵심역량에 대한 모방을 방어하는 법적 기제가 될 수 있기 때문이다.

넷째, 비대체성(non-substitutable)은 핵심역량인 자원과 능력이 제공하는 가치를 대체할 수 없는 상황을 의미한다. 비대체성은 비모방성과 함께 지속가능한 경쟁우위의 기반으로서 평균 이상의 수익을 가져다줄 수 있는 핵심역량이 되기 위한 중요한 조건이다.

가치있는가?	희귀한가?	모방하는데 비용이 많이 드는가?	대체 불가능한가?	경쟁적 결과	성과 결과
NO	NO	NO	NO	경쟁열위	평균 이하 수익
YES	NO	NO	YES/NO	경쟁등위	평균 수익
YES	YES	NO	YES/NO	일시적 경쟁우위	평균-평균이상 수익
YES	YES	YES	YES	지속가능 경쟁우위	평균 이상 수익

그림 6 VRIN 분석의 경쟁적 결과와 성과 결과

미국의 저가항공사인 사우스웨스트 항공사(Southwest Airline)는 경기 불황으로 인해 대부분의 항공사가 어려움을 겪고 있던 시절에도 높은 성과를 달성하였다. 이와 같은 사우스웨스트 항공사의 핵심역량으로서 많은 학자와 실무자들은 운영관리 방식과 인사관리 방식을 제시하였다.

먼저 사우스웨스트의 운영관리 방식이 원가절감을 위한 가치를 제공했다는 것은 분명해 보인다. 보잉747 단일기종을 채택함으로써 사우스웨스트는 보수유지 인력의 교육훈련에서의 비용, 부품 재고비용, 보수에 필요한 시간을 절감할 수 있었다. 또한 소형 공항으로만 운항함으로써 대형공항에 지불해야 하는 거액의 사용료를 절감할 수 있었고, 지점-지점을 연결하는 운영방식을 통해 광범위한 허브-스포크 방식을 갖추고 운영하는 데 필요한 비용을 절감할 수 있었다. 이와 같은 사우스웨스트 에어라인의 운영관리 방식은 가치를 제공하며, 희소성이 있는 핵심역량이다. 하지만 경쟁사들의 모방이 불가능한 요소는 아니었다. 실제로 몇몇 기존의 대형 항공사들은 사우스웨스트 에어라인의 방식을 모방하기 위해 계열사를 설립하였다. 그리고 신규 진입 항공사들은 사우스웨스트 에어라인과 동일하거나 유사한 운영관리 방식을 채택하였다. 이들은 단일기종을 채택하고 소형 공항으로만 운항하며 지점-지점을 연결하는 운항을 시작하였다. 이처럼 사우스웨스트 에어라인의 운영관리 방식은 희소한 가치를 제공하고 있지만 모방이 불가능한 역량은 아니었다. 따라서 사우스웨스트 에어라인의 운영관리 방식은 일시적인 경쟁우위를 제공해준 핵심역량이었지만 지속가능한 경쟁우위의 기반을 제공했다고 보기는 어려울 것이다.

한편 사우스웨스트 에어라인의 종업원들은 높은 몰입과 충성도를 가지고 있었다. 이는 당시 항공사들의 잦은 파업과 노사 간의 갈등 상황을 고려할 때 이는 매우 특이하고 이해하기 어려운 현상이었는데, 지난 15년간 미국의 항공 산업은 노동쟁의로 인해 파행을 겪어왔다. 그리고 많은 항공사는 종업원을 해고하거나 임금을 삭감함으로써 여러 측면에서 종업원과의 관계가 긴장 상태로 계속되었다. 반면 사우스웨스트 에어라인의 조종사들은 심지어 인력이 부족할 경우 수하물 관리업무를 자발적으로 도울 정도로 높은 충성도를 가지고 있었다. 사우스웨스트 에어라인의 높은 종업원 몰입도와 충성도는 높은 생산성과 운영의 효율성으로 결과되었는데, 예로 사우스웨스트의 정비 소요 시간은 항공산업의 평균인 45분보다 훨씬 짧았고, 이에 따라 사우스웨스트의 항공기들은 지상에서보다 공중에 머무는 시간이 훨씬 더 많을 수 있었다.

사우스웨스트 항공사와 종업원의 관계는 오랜 기간에 걸쳐 형성된 인사관리 부문의 역량이었다. 또한 그와 같은 우호적인 관계가 어떤 것으로 인해 형성되었는지를 정확하게 파악하기 힘든 인과적 모호성을 가지고 있었다. 따라서 경쟁사들은 이를 쉽고 빠르게 모방할 수 없는 지속가능한 경쟁우위의 기반을 제공하는 핵심역량이 될 수 있었다.

제3절 | 가치사슬 분석

기업의 능력과 핵심역량은 많은 경우 특정 영역에서 발생된다. 즉 경쟁우위는 특정 영역에서 경쟁자보다 우수한 위치나 수준을 의미할 수 있는데, 기업에 있어 경쟁우위는 근본적으로 한 기업이 구매자를 위해 창출해내는 가치에서 비롯된다. 즉, 구매자에게 동등한 가치를 경쟁자보다 낮은 가격으로 제공하거나, 그 기업만이 제공할 수 있는 차별적인 가치를 제공할 수 있을 때 경쟁우위를 획득할 수 있는 것이다. 마이클포터는 이러한 경쟁우위를 분석하기 위한 방법으로서 부가가치를 창출해 주는 기업의 다양한 활동들을 경쟁사들과 비교하여 평가하는 가치사슬분석(Value Chain Analysis)을 제시하였다.

1. 가치사슬의 개념과 구성요소

가치사슬(Value Chain)이란 고객에게 가치를 제공하면서 부가가치 창출에 직간접적으로 관련된 일련의 활동, 기능, 프로세스의 연계를 의미하며, 기업이 수행하는 활동들을 제품의 설계, 생산, 마케팅, 유통 등으로 구분하여 보여준다. 또한 가치사슬모형은 기업이 경쟁전략을 세우기 위해 자신의 경쟁적 위치를 파악하고 이를 향상할 수 있는 지점을 찾기 위해 사용될 수 있다. 가치사슬모형에서 본원적 활동(Primary Activity)은 기업이 제공하는 제품의 생산 및 판매와 직접적으로 연관된 활동들인데, 일반적인 제조산업 부문의 기업을 기준으로 할 때 본원적 활동에는 구매, 제조, 물류, 판매, 서비스 활동 등이 포함된다. 반면 본원적 활동들을 지원해 주는 활동들은 보조활동 또는 지원활동(Supporting Activity)으로 분류되는데 일반적인 제조산업 부문의 기업을 기준으로 할 때 보조활동 부문에는 기업인프라, 인적자원관리 연구개발, 조달 등이 포함된다. 아래의 그림과 표는 제조산업 부문의 가장 보편적인 기업의 가치사슬과 각 부문의 활동 내용을 보여주고 있다.

마이클 포터 교수에 의해 일반화된 가치사슬모형은 자사의 강점과 약점을 파악하고 원가발생의 원천 및 경쟁기업과의 현존 및 잠재적 차별화 원천(가치창출 원천)을 분석하기 위해 개발된 것이다. 기업들은 가치사슬 상의 각 부문의 역량강화를 통해 핵심역량을 구축하고 경쟁우위를 창출할 수 있다. 이를 위해 아래 표에서 볼 수 있는 것처럼 각 부문의 핵심경쟁요소(KSF: Key Success Factor)들을 도출하고 이에 부합하는 역량을 강화하기 위한 노력에 집중할 수 있다.

지원 활동
Supporting Activity
기업전반관리
인적자원관리
연구개발
구매조달
이윤
본원적 활동
Primary Activity
물류투입
생산운영
물류산출
마케팅과 판매
서비스

지원 활동	**기업전반관리**	기획, 재무, 경리, 법무, 정보시스템 업무 등
	인적자원관리	인재채용, 교육, 급여업무 등
	연구개발	주활동과 관련된 신제품, 서비스 개발, 각종 테스트 등
	구매조달	주활동을 지원하는 물건이나 서비스의 구입 등
본원적 활동	**물류투입**	원재료나 부품의 구입과 배송 등
	생산운영	구매한 재료의 조립과 가공 등
	물류산출	제조한 제품의 창고 또는 소매점 배송 등
	마케팅과 판매	제품의 영업 선전이나 점포에서의 판매활동 등
	서비스	판매 후의 문의 대응이나 사후 A/S 등

그림 7 가치사슬 분석모형

	물류투입	생산운영	물류산출	마케팅과 판매	서비스
경쟁우위 원천	· 투입요소의 효율성	· 제품의 우수성 · 불량률 최소화 · 제조시간 단축	· 적시 운송 · 주문처리의 효율성	· 판매처 및 판매원의 질적 수준 · 고객관계 · 판촉활동	· 서비스의 질 · 서비스의 범위 · 구매자 교육 · 예비부품 보급

그림 8 주요 기능별 경쟁우위 원천

2. 가치사슬 분석의 사례

기업은 가치사슬 분석을 실행하면서 각 부문의 역량수준을 반드시 경쟁사들과 비교하여 평가해야 한다. 따라서 분석결과에 기초하여 비교우위가 있는 부문과 비교열위가 있는 부문을 구분하여 파악할 수 있는데, 비교우위가 있는 부문은 목표달성을 위해 적극적으로 활용할 수 있는 방안을 수립하고, 비교열위가 있는 부문에 대해서는 보완하기 위한 방법을 찾아야 한다. 아래의 기업은 에너지, 환경, 위험관리 부문의 사업을 운영하던 기업의 컨설팅 과정에서 실시했던 가치사슬 분석의 결과 내용이다.

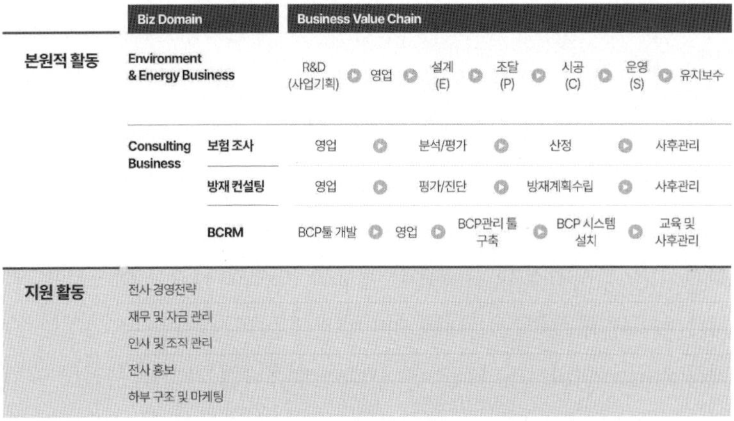

	Biz Domain		Business Value Chain
본원적 활동	Environment & Energy Business		R&D (사업기획) → 영업 → 설계 (E) → 조달 (P) → 시공 (C) → 운영 (S) → 유지보수
	Consulting Business	보험 조사	영업 → 분석/평가 → 산정 → 사후관리
		방재 컨설팅	영업 → 평가/진단 → 방재계획수립 → 사후관리
		BCRM	BCP툴 개발 → 영업 → BCP관리 툴 구축 → BCP 시스템 설치 → 교육 및 사후관리
지원 활동	전사 경영전략 재무 및 자금 관리 인사 및 조직 관리 전사 홍보 하부 구조 및 마케팅		

그림 9 기업 컨설팅 예시, 가치사슬 분석 결과 1

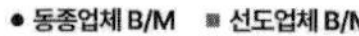

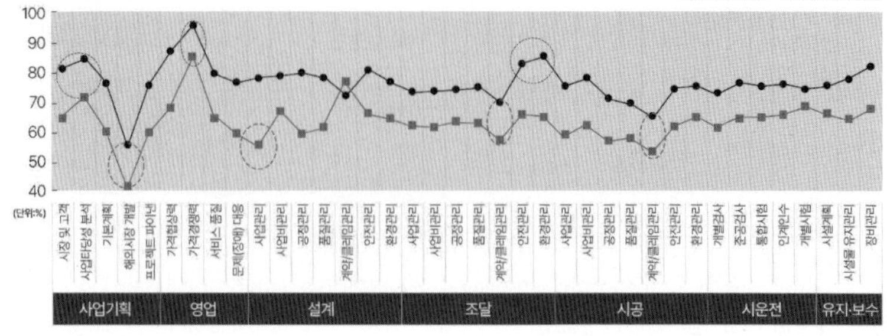

- 주요 B/M 업체 대비 사업기획 - 해외시장 개발 역량, 설계 - 사업관리, 조달 - 계약/클레임관리, 시공 - 계약/클레임관리 부문이 가장 낮은 것으로 나타남
- 사업타당성 분석, 가격경쟁력 등이 상대적인 강점으로 나타나고있음

그림 10 기업 컨설팅 예시. 가치사슬 분석 결과 2

기업이 비교열위가 있는 부문의 역량을 강화하기 위해서는 기업의 가치를 창출해 주는 핵심 부문들에 대한 역량 강화를 위한 전략과제들을 도출하여 실행할 수 있다. 이때 도출한 전략과제들을 실행기간에 따라 단기, 중기, 장기 등으로 구분하고 해당 부문의 역량 강화를 주도적으로 책임질 부서를 지정하는 것이 효과적이다.(그림 11 가치동인 측면의 전략과제 도출 참조)

사실 비교열위가 있는 부문을 보완하기 위해서는 내부적으로 보완활동을 수행할 수도 있지만 외부의 시장거래, 즉 아웃소싱(outsourcing)을 통해서도 보완할 수 있다. 역량보완을 위해 내부 또는 외부적인 활동을 강화할 것인지를 결정하기 위해 기업은 환경의 불확실성(Environmental Uncertainty), 자산의 특수성(Asset Specificity), 제한적 합리성(Bounded Rationality), 기회주의(opportunism) 발생 가능성의 네 가지 요소를 고려해 볼 필요가 있다. '환경 불확실성'은 의사결정자가 충분한 정보를 가지고 있지 못함으로써 외부 변화를 예측하지 못하는 상태를 의미한다. '자산의 특수성'은 특정한 거래 관계하에서는 가치는 지니지만 그 관계를 벗어나면 가치를 온전히 인정받지 못하는 자산이나 투자를 의미한다. '제한적 합리성'은 인간이 결정을

Value Driver	전략 과제	담당부서	시기
인적 역량	영업활동 강화 및 고객만족도 제고		단기
	마스터 지정을 통한 전문성 제고		장기
Promotion	시장성 있는 효능군에 대한 마케팅 및 영업 역량 집중		단기
	고객 추천 지수 제고를 위한 1차 고객 대상 홍보 활동 강화		단기
	고객군별 니즈에 따른 판촉 전략 수립 및 시행		단기
	우량 거래처에 대한 차별화된 영업 전략 수립		단기
	종병 및 지역시장 확대를 위한 Key Doctor 선정 및 집중 관리		단기
Timing	적시성 있는 제품 개발을 위한 고객 및 시장조사 역량 강화		단기

Value Driver	전략 과제	담당부서	시기
조직	커뮤니케이션 활성화를 위한 사내 활동 개발 및 확대		단기
	사내 커뮤니케이션을 위한 방송, 페이퍼 등 매체 활용 방안 수립		단기
	다양한 사내 문제 해결을 위한 시스템 강화		단기
	수직적 커뮤니케이션을 위한 시스템 활성화		단기
	관련 용어에 대한 정의 통일 및 부서별 정의에 대한 공유		단기
	신속한 의사결정을 위한 제도 및 시스템 활용확대		단기
	조직 내 제안 제도 신설 및 수행 시스템 구축		단기
	업무 매뉴얼 작성 및 업데이트		중기
	전문성 확보를 위한 연구개발 업무 세분화 방안 수립		중기
	선도업체 벤치마킹 방안 수립		단기
	생산직 동기 부여를 위한 CEO 방문 강화 및 실시간 정보 공유		단기

Value Driver	전략 과제	담당부서	시기
문화	데이터와 근거에 입각한 의사결정 문화 조성 방안 수립		단기
	성과주의 문화 조성		단기
	직원의 자신감 고취를 위한 다양한 행사 기획		단기
인사제도	능력 및 인성, 적성 검사를 통한 적합 인력 확보 방안 수립		단기
	비정규직 문제 대응 및 인재 확보를 위한 생산 숙련공 정규직화		중기
	장인제도 등 생산직 동기부여및 전문성 제고 방안 도입 시행		단기
	KPI를 활용한 성과 평가 및 보상 체계 확립		단기
	인사제도의 투명성 확보를 피드백 프로세스 설계		단기
	회사 비전 및 전략과 연계된 장기적 관점의 BSC 도입 방안 검토		중기
	고객 중심 마인드 제고를 위한 지속적 교육 프로그램 개발		단기

그림 11 가치동인 측면의 전략과제 도출

내릴 때 합리성이 제한적이라는 것을 의미한다. '기회주의'는 자신의 이해관계와 개인적 목적에 따라 계약에 위배되는 행위를 하는 것을 의미한다. 즉 환경의 불확실성이 높고, 자산의 특수성이 높으며, 제한적 합리성의 수준이 높고, 기회주의 발생 가능성이 높은 경우에는 기업은 내부적인 보완 활동을 통해 역량을 강화하는 것이 바람직하지만, 환경의 불확실성이 낮고, 자산의 특수성이 낮으며, 제한적 합리성의 수준이 낮고, 기회주의 발생 가능성이 낮은 경우에는 시장거래(아웃소싱)를 통한 역량 강화 방안을 먼저 고려해 볼 필요가 있을 것이다.

가치사슬모형은 기업운영상의 활동들을 한눈에 파악할 수 있도록 해주고 경쟁사와의 비교를 통해 비교우위와 비교열위 부분들을 파악할 수 있도록 해준다는 측면에서 매우 유용하다. 하지만 기업이 창출하는 부가가치는 다양한 기능의 복합적인 활동을 통해 창출되는 경우가 많음에도 불구하고, 가치사슬 분석에서는 여러 가지 활동 부문의 복합적인 활용 효과를 평가할 수 없고, 변화되는 요소들을 반영하기 어려운 정태적인 분석이라는 측면에서 한계점이 있다.

제 4 장

시장경쟁전략

제1절 | 시장경쟁전략이란?

1. 전략계층

전략은 수립한 전략적 목표(미션, 비전, 목적)를 달성하기 위하여 시장에 유리하게 포지셔닝하고 우수한 자원을 획득하여 경쟁우위를 달성하기 위한 방법이다. 기업은 전략적 목표 달성을 위해 성장전략에 해당되는 기업 수준의 전략(Corporate-level Strategy), 경쟁전략에 해당되는 사업부 수준의 전략(Business-level Strategy), 기능 부문의 전략인 기능 수준의 전략(Functional-level Strategy)을 수립하여 실행하게 되는데, 이와 같은 전략들을 포괄적으로 전략계층(Hierarchy of Strategy)이라고 한다. 그림 12 전략계층에서는 각 수준별 전략들 간의 관계와 각 수준별 전략에서의 주요 의사결정 사항을 소개하고 있다.

그림 12 전략계층

이와 같은 전략계층을 복합기업의 사업포트폴리오 및 조직구조와 연결해서 생각해 보면 그림 13과 같다.

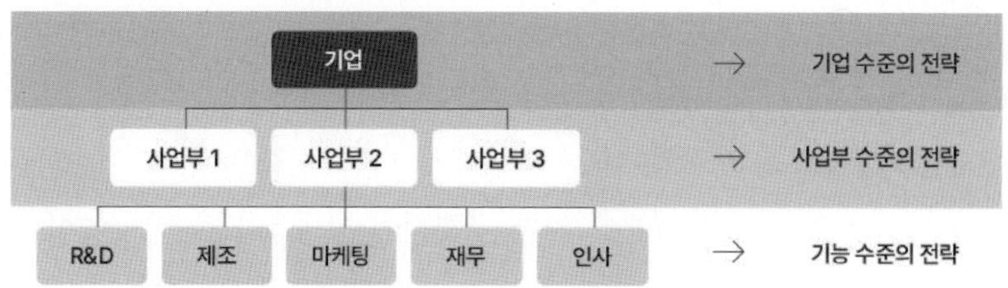

그림 13 전략계층과 조직구조의 관계

2. 시장경쟁전략의 정의와 주요 이슈

사업부 수준의 시장경쟁전략은 특정 제품시장에서 핵심역량을 활용하여 경쟁우위를 획득하기 위해 실행하는 행동의 통합된 조합이다. 예로 식재료를 판매하는 독일의 슈퍼마켓인 알디(ALDI)는 낮은 가격으로 양질의 제품을 공급하기 위해 원가우위라는 가치 추구에 도움이 되는 다양한 통합된 행동들을 전략으로 수행하고 있다. 구체적으로 알디는 엄격한 품질관리를 통해 선정한 자체상표(PB) 상품의 비중을 경쟁사들보다 매우 높게 유지하고 있으며, 교통 접근성이 좋은 곳에 작은 규모의 매장을 현금으로 구입하여 임대비용과 고정비용을 절감하고 있다. 또한 판매하는 품목을 제한하고 제품별 종류도 제한하는 방식으로 운영을 단순화하여 적은 수의 종업원만으로도 효율적인 운영관리가 가능하게 하였고, 재고량이 많은 제품에 대해서는 특별판매를 실시하여 재고관리의 효율성을 강화해 왔으며, 소비자들이 동전을 투입하여 카트를 사용하도록 하고 동전을 회수하기 위해 자발적으로 카트를 지정된 장소에 반납하도록 유도하는 등 DIY(Do it yourself) 방식을 도입하여 소비자 참여를 통한 비용 절감을 도모하였다.

이처럼 사업부 수준의 시장경쟁전략 수립과정에서는 기업이 경쟁사들과 효과적으로 경쟁하기 위한 방법, 즉 "How should we compete?(우리는 어떻게 경쟁해야 하는가?)"와 관련한 다양한 방법들을 도출해 내야 한다. 그리고 이 같은 방법들을 도출해 내는 과정에서 다음과 같은 주요 이슈들에 대한 의사결정을 하고 실행을 위한 구체적인 방법을 도출해내야 한다.

· 어떤 제품이나 서비스를 고객들에게 공급할 것인가?
· 고객을 위한 제품과 서비스를 어떻게 생산할 것인가?
· 생산한 제품과 서비스를 어떤 방식으로 고객들에게 전달할 것인가?

위 내용을 통해 알 수 있는 것처럼 사업부 수준의 시장경쟁전략에서의 주요 이슈들은 모두 고객과 직접적이고 밀접한 연관성을 가지고 있다. 따라서 고객은 사업부 수준의 경쟁전략을 결정하는 데 있어, 대부분의 의사결정의 중심에 있는 가장 중요한 이해관계자라고 볼 수 있다.

기업은 시장경쟁전략을 수립하기 위해 제품과 서비스를 제공하고자 하는 고객을 명확하게 정의할 수 있어야 하는데, 이를 위해 시장세분화(Market Segmentation)와 목표시장(Target Market) 선정을 한다. 시장세분화를 위해서는 다양한 고객 특성과 제품 특성들을 사용할 수 있는데 일반적으로 많이 활용되는 시장세분화의 기준은 다음과 같다.

① 고객 특성

· 인구통계학적 특성: 연령, 소득수준, 성별
· 사회문화적 특성: 문화, 지역, 국적
· 소비패턴: 상/중/하
· 심리적 특성: 라이프스타일, 개인 성향

② 제품 특성

· 제품별 구분: 산업분류코드 기준

· 기술적 차이와 생산의 연관성

시장세분화를 통해 세분시장들을 확인한 후 제품과 서비스를 공급할 목표시장을 결정하고 나면 해당 시장 고객들의 성향을 세밀하게 조사하여 파악해야 한다. 이 과정을 통해 기업은 목표시장 고객들이 어떤 니즈를 가지고 있는지를 파악할 수 있는데, 이때 목표로 정한 세분시장 고객들의 차별화된 니즈를 발견할 수 있다면 시장에서 보다 우수한 경쟁적 지위를 확보하는 데 도움이 될 수 있다.

목표시장 고객들의 니즈를 파악하고 난 이후에는 어떻게 해당 니즈를 경쟁사들보다 효과적이고 충실하게 만족시켜줄 수 있는지에 대한 고민과 결정이 필요하다. 그리고 이 과정에서 어떤 핵심역량이 가장 효과적으로 활용될 수 있는지를 결정하고 이를 강화하고 활용하기 위한 전략을 마련할 필요가 있다.

사업부 수준의 시장경쟁전략을 도출하고 실행하기 위한 이슈들에 대해 최적의 의사결정을 내리기 위해서는 고객과의 양방향 정보교환(Bi-directional Information Exchange)이 중요하다. 이를 위해 많은 기업들이 노력하고 있는데, 예를 들어 스타벅스는 'My Starbucks Idea(마이 스타벅스 아이디어)' 사이트를 통해 고객들과 적극적으로 소통하고 있으며, 중국의 전자 회사 샤오미[小米]는 제품의 개발단계에서부터 고객들의 의견이 적극적으로 반영될 수 있도록 미펀이라는 충성스러운 고객들을 대상으로 하는 참여와 소통체계를 강화해 왔다.

제2절 | 시장경쟁전략의 유형

1. 본원적 전략

다른 기업들보다 월등하게 우수한 기업은 경쟁우위에 있다고 말한다. 다른 기업들이 접근할 수 없는 특별한 자원에 접근할 수 있거나 이미 보유한 자원들을 더 효율적으로 사용할 수 있는 기업은 경쟁우위를 획득할 수 있을 것이다. 경쟁우위가 있는 기업은 수익성과 생산성 향상 측면에서 월등하여 장기적으로 경쟁기업들에 비해 높은 시장가치를 나타낸다.

시장경쟁전략의 목표는 경쟁우위(Competitive Advantage)의 획득에 있다. 여기서 경쟁우위는 경쟁사에 비해 더 높은 경제적 가치(제품/서비스에 대해 소비자가 느끼는 혜택 — 제품/서비스 제공에 투여된 전체 비용)를 창출할 수 있는 기업의 능력으로 정의될 수 있다. 그렇다면 기업들은 어떤 방식으로 경쟁사들보다 더 높은 경제적 가치를 제공할 수 있을까?

이와 관련하여 마이클 포터 교수는 1985년 자신의 저서인 *Competitive Advantage: Creating and Sustaining Superior Performance*에서 경쟁우위를 획득하기 위한 방법으로서 '원가우위'와 '차별화'를 제시하였다. 또한 경쟁의 범위를 기준으로 광의의 시장에서 경쟁하는 방법과 협의의 시장(집중화된 시장)에서 경쟁하는 방법을 제시하였다. 따라서 마이클 포터가 제시한 시장경쟁 전략은 경쟁우위를 창출하기 위한 두 가지 방법(원가우위 대 차별화)과 시장경쟁의 범위(광의 대 협의)에 따라 다음과 같은 네 가지 유형으로 구분될 수 있는데, 이들을 본원적 전략(Generic Competitive Strategy)이라고 한다.

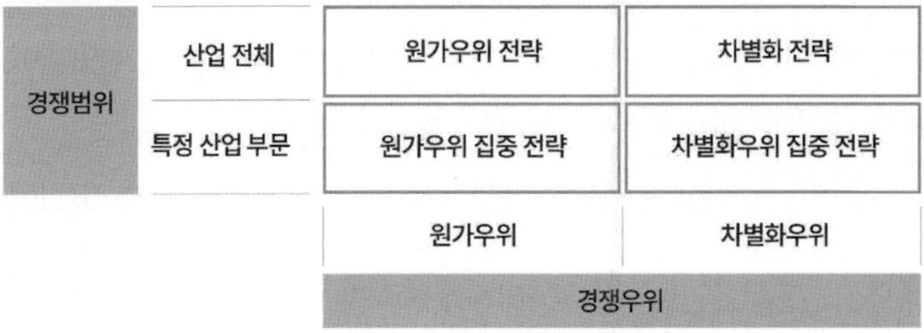

경쟁범위	산업 전체	원가우위 전략	차별화 전략
	특정 산업 부문	원가우위 집중 전략	차별화우위 집중 전략
		원가우위	차별화우위
		경쟁우위	

그림 14 본원적 전략

1.1 원가우위 전략

원가우위 전략(Cost Leadership Strategy)이란 원가우위에 영향을 미치는 여러 가지 요소를 활용하여 특정 산업에서 비용적 측면의 우위를 획득하는 전략을 말한다. 한마디로 경쟁사보다 더 낮은 가격으로 제품이나 서비스를 생산하기 위해 다양한 방법들을 전략으로 도출하여 실행하는 것이다. 원가우위를 달성하기 위해 기업은 효과적인 생산시설을 구축하여 규모의 경제효과 창출을 도모할 수 있고, 체계적이고 치밀한 생산관리 시스템을 구축하여 활용할 수 있으며, 생산과정을 최대로 단순화하고, 마케팅과 연구개발 비용을 최소화할 수 있을 것이다.

원가우위 전략을 실행하는 기업은 비용 절감을 통해 높은 마진율을 확보하면서도 고객이 원하는 품질 수준의 제품을 생산하여 제공할 수 있어야 한다. 원가우위를 달성하는 기업은 비용을 낮출 수 있는 규모의 효과(Scale Effect)와 학습 효과(Learning Effect)를 통해 신규경쟁자들의 시장진입 위협을 감소시킬 수 있다. 또한 원자재의 가격상승 시에도 높은 마진율을 이용하여 충격을 흡수하고, 다량 구매를 통해 공급자의 협상력을 약화시킬 수 있으며, 일시적으로 제품가격을 낮춰 경쟁사들이 시장에서 퇴출되게 만드는 전략을 통해 소비자들의 협상력을 약화시킬 수 있다. 그리고 낮은 가격과 마진율을 통해 대체재의 위협을 낮출 수 있으며, 경쟁사들과의 제살깎기식 가격 경쟁을 원가우위에 기초하여 사전적으로 예방할 수 있기 때문에 현존하는 경쟁사들 간의 경쟁 정도를 낮출 수 있을 것이다. 즉 원가 우위는 마이클 포터가 제시했던 산업의 5가지 구조적 특성을 자사에 유리하게 만들어 줄 수 있는 효과적인 경쟁우위 창출 방법이라고 볼 수 있다.

기업이 원가우위를 가져가고자 하는 첫 번째 이유는 경쟁사보다 낮은 가격으로 공급하다 보면 시장 점유율을 높일 수 있다는 점이고, 두 번째는 경쟁사와 유사한 가격으로 제품을 공급하는 경우에는 원가가 낮기 때문에 경쟁사보다 이익이 많이 남아 더 높은 이윤을 창출할 수 있기 때문이다. 하지만 원가우위 전략을 펼치는 기업들에게는 잠재적인 위협이 될 수 있는 요소들이 존재한다. 먼저 정보통신기술, 인공지능과 같은 매우 혁신적인 새로운 기술이 나타나게 된다면 원가우위를 보유한 기업의 경쟁력이 약화될 수 있다. 또한 신규 진입기업이나 후발기업들이 원가우위를 보유한 기업의 핵심역량을 모방하거나 동일하거나 더 우수한 가치를 창출할 수 있는 자원을 개발하여 활용할 경우 기존 기업의 원가우위에 기초한 경쟁우위는 빠르게 약화될 수 있다. 마지막으로 원가우위를 보유한 기업이 원가절감에만 집중하다 보면 변화된 시장환경과 소비자들의 새로운 요구를 간과할 수도 있는데, 이 같은 상황이 발생할 경우 기존 원가우위를 보유한 기업의 제품은 진부한 제품이 되어 시장에서 외면받게 될 것이다.

1.2 차별화 전략

차별화 전략(Differentiation Strategy)은 고객들이 제품과 서비스를 소비하며 중요한 가치라고 생각하는 부분에서 독특한 가치를 제공하기 위한 기업의 통합된 행동들을 의미한다. 차별화 전략을 효과적으로 실행하는 기업은 독특한 가치를 제공하는 제품과 서비스를 판매하여 고객이 보다 높은 가격을 지불하더라도 기꺼이 자사의 제품과 서비스를 구매하도록 만들 수 있다. 차별화 전략을 실행하는 기업들은 일반적으로 표준화되지 않은 제품들을 고객이 수용할 수 있는 가격범위 안에서 생산하고 판매하는 데 집중한다.

고객들에게 독특한 가치를 제공하기 위해 기업은 디자인과 상표 이미지를 차별화하거나, 우수 기술이나 제품 특성을 이용하거나, 고객서비스를 강화하거나, 회사의 명성이나 신뢰성을 활용할 수도 있다. 이처럼 차별화를 위한 방법은 매우 다양한데, 중요한 점은 차별화된 가치를 고객이 인정할 수 있는가, 더 높은 가격을 지불하고서라도 제품이나 서비스를 구매할 수 있는가이다. 차별화 전략을 성공적으로 실행한 기업은 자사 제품과 서비스에 대한 구매자의 높은 충성도와 전환비용을 활용하여 잠재적인 신규경쟁자의 진입 가능성을 약화시킬 수 있다. 또한 원재료 및 부품의 가격 인상과 관련한 공급자의 위협을 높은 마진율을 이용하여 대처할 수 있으며 때로는 충성스러운 고객들에게 증가한 비용의 부담을 전가할 수도 있다. 성공적인 차별화전략의 실행은 자사 제품 및 서비스 브랜드에 대한 높은 소비자들의 충성도에 기초하여 고객들의 협상력과 대체재의 위협, 현존하는 경쟁사들의 위협을 약화시킬 수 있도록 해준다. 따라서 차별화는 원가우위와 마찬가지로 마이클 포터가 제시했던 산업의 5가지 구조적 특성을 자사에 유리하게 만들어 줄 수 있는 효과적인 경쟁우위 창출 방법이라고 볼 수 있다.

하지만 차별화 전략을 실행하는 기업들에게 있어 다음과 같은 요소들은 잠재적인 위협이 될 수 있다. 먼저 고객이 중요하게 생각하지 않는 부문에서의 차별화를 추진할 경우 원가우위를 가지고 있는 제품과 서비스와의 과도한 가격 차이로 인해 경쟁우위를 잃게 될 수 있다. 또한 고객이 독특한 가치를 제공한다고 느끼는 수준 이상의 과도한 차별화를 실행하거나 모조품으로 인해 차별화된 제품과 서비스가 제공해 줄 수 있는 독특한 가치가 훼손될 경우에도 잠재적인 위협이 될 수 있다.

1.3 집중화 전략

집중화 전략(Focused Strategy)은 특정 시장, 특정 소비자 집단, 일부 제품 종류, 특정 지역 등을 집중적으로 공략하는 전략이다. 원가우위 전략과 차별화 전략이 전체 시장을 대상으로 한 전략임에 반해 집중화 전략은 세분화된 특정 시장에만 집중하는 전략이다. 일반적으로 기업이 보유하는 자원은 제한적이기 때문에 기업들은 특화된 지역이나 제품의 범위 안에서 원가우위나 차별화 전략을 추구하게 된다. 특별히 자원이 부족한 중소기업들은 넓은 시장에서 대기업들과 직접적인 경쟁을 하기보다는 한 개 혹은 소수의 하위 세분시장에서 높은 점유율을 추구하는 집중화 전략을 선호한다.

집중화 전략들은 경쟁우위 창출방식에 따라 '집중화 원가우위 전략(Focused Cost Leadership Strategy)'과 '집중화 차별화 전략(Focused Differentiation Strategy)'으로 구분될 수 있다. 집중화 전략을 성공적으로 실행하기 위해서는 독특한 니즈와 요구를 가진 시장을 찾아낼 수 있어야 하며, 해당 시장의 독특한 니즈와 요구를 충족시켜줄 수 있는 효과적인 전략을 도출할 수 있어야 한다. 예로 과거 아이들의 사랑을 한 몸에 받았던 텔레토비는 영국 BBC방송사에서 2세에서 4세까지의 아이들이 볼 수 있는 적절한 프로그램이 부족하다는 사실을 간파하고 이들 연령층의 아이들이 좋아할 수 있는 캐릭터를 개발하여 만든 텔레비전 프로그램이었다. 따라서 이 프로그램은 경쟁사들이 간과하고 있었던 특정 시장의 니즈를 파악하고 효과적으로 충족하여 성공했던 사례라고 볼 수 있을 것이다.

하지만 집중화 전략을 실행하는 기업들은 원가우위나 차별화 전략을 실행하는 기업들이 직면할 수 있는 잠재적인 위협들 이외에도 다음과 같은 위협에 추가적으로 직면할 수 있다. 먼저 경쟁사가 자사가 집중하고 있는 시장보다 더 세분화된 시장의 독특한 고객들의 니즈를 파악하고 이를 충족시킬 수 있는 전략을 도출하여 실행한다면 이것은 중대한 위협이 될 수 있다. 또한 세분화된 시장의 잠재적인 가치를 제대로 이해하지 못했던 대기업들이 시장의 성장 가능성을 확인하고 막대한 자본과 자원을 활용하여 진입하는 경우 또는 집중화 시장 고객들의 독특한 니즈와 성향이 환경변화에 따라 약화되어 일반적인 고객들의 니즈와 유사해질 경우 이것은 지속적인 이익 창출을 어렵게 만드는 위협이 될 수 있다.

1.4 중간고착 상태

마이클 포터는 경쟁우위를 획득하기 위한 두 가지 방법인 원가우위와 차별화 전략을 동시에 실행하는 것은 바람직하지 않다고 주장하였다. 이는 두 방법을 실행하기 위한 다양한 기능 부문들의 활동이 너무나도 상이하기 때문에 제한된 자원으로 두 가지 모두를 추구할 경우 이것도 저것도 아닌 중간고착 상태(Struck in the Middle)에 빠질 수 있음을 경고한 것이다.

2. 가치전략

가치전략(Value Strategy)은 전 MIT 대학의 교수이자 컨설턴트인 마이클 트레이시(M. Tracey)가 제안한 사업부 수준의 경쟁전략이다. 트레이시는 산업 부문에서 일등을 하고 있는 40개 기업에 대한 3년간의 연구분석 결과에 기초하여 『일등기업의 원칙(*The Discipline of Market Leader*, 1995)』이라는 저서를 출판하고, 이를 통해 일등기업들의 성공비결을 다음과 같이 설명하였다.

트레이시에 의하면 가치에 대한 소비자들의 사고는 과거와 달리 변화되어 있었다. 즉 과거에는 제품과 서비스의 가치를 제품의 질과 가격만으로 판단했다면, 변화된 시장에서는 소비자들이 중요하게 생각하는 가치의 범위가 확장되어 제품의 질과 가격 이외에도 구매의 편리성, 애프터서비스(A/S), 신뢰성 등이 고객들에게 중요한 가치로 인식되고 있었다.

또한 산업 부문에서 일등을 하는 기업들은 산업유형과 관계없이 다음과 같은 공통점을 가지고 있었다. 첫째, 고객을 위한 가치를 재정립한다. 둘째, 선택한 가치를 일관성 있게 추구하기 위한 응집력 있는 비즈니스 체계를 구축한다. 셋째, 소비자의 기대 수준을 경쟁사가 따라올 수 없을 만큼 높은 수준으로 끌어올린다. 즉 소비자가 가치 있게 생각하는 것과 그것이 전달되는 방식을 변화시키고, 그것에 대해 소비자가 기대하는 수준을 의도적으로 높여서 경쟁사가 따라올 수 없도록 만드는 것이다.

가치전략에서 트레이시는 소비자의 가치를 충족시키는 위한 구체적인 전략유형으로 '운영의 탁월성(Operational Excellence)', '소비자 친화(Customer Intimacy)', '제품의 선도성(Product Leadership)' 전략을 제시하였다. 먼저 운영의 탁월성은 경쟁력 있는 가격으로 신뢰할 수 있는 제품이나 서비스를 제공하는 전략이다. 가격과 편리성에서 산업 분야를 선도하는 것을 목적으로 하는 운영의 탁월성 전략을 성공적으로 실행하여 경쟁우위를 확보하기 위해서는 간접 경비를 최소화하고, 중간생산과정을 최소화하며, 거래비용을 최소화하고, 기능적 · 조직적 운영과정의 최적화를 도모해야 한다. 트레이시는 운영의 탁월성 전략을 성공적으로 실행한 기업 중 하나로 선주문 수령 후 제작하여 중간상을 거치지 않고 소비자에게 직접 판매하는 방식으로 운영의 효율성을 달성했던 델(Dell) 컴퓨터를 언급하였다.

소비자 친화는 시장세분화와 타깃팅을 통해 목표 고객을 명확하게 정의하고, 제품과 서비스를 소비자들의 요구에 맞게 조정하는 전략이다. 이 전략을 성공적으로 실행하기 위해서는 소비자들에 대한 상세한 정보와 지식을 확보해야 하며, 유연한 대처를 통해 반복적인 소비를 하는 소비자의 충성심을 확보해야 한다. 따라서 단기적으로는 다소 높은 비용이 발생한다해도 소비자의 생애 가치에 초점을 두고 세분화된 소비자 시장의 세세한 가치들을 세밀하게 신경 써야 한다. 트레이시는 고객밀착 전략을 성공적으로 실행한 기업 중 하나로 목수, 배관공 등의 전문적인 지식을 보유한 기술자들을 채용하여 마루 바닥공사, 화장실, 부엌 공사 등 집 수리를 하기 위한 재료를 구매하러 오는 고객들에게 단순히 재료판매가 아닌 시공 과정의 전체적인 내용들에 대한 다양한 컨설팅과 서비스를 제공해 주는 홈 디포(Home Depot)를 언급하였다.

마지막으로 제품의 선도성 전략은 소비자 만족 제고를 위한 최고의 제품과 서비스를 지속해서 제공하여 경쟁우위를 창출하는 전략이다. 제품의 선도성 전략을 실행하는 기업들은 창조성을 강화하고, 아이디어의 빠른 상업화 및 이를 위한 숙련된 운영과 관리체계를 갖출 필요가 있으며, 자사의 최신 제품과 서비스조차도 넘어설 수 있는 새로운 해결 방안을 도출하기 위해 최선을 다해야 한다. 트레이시는 제품의 선도성 전략을 성공적으로 실행한 기업의 사례로 나이키(Nike)와 존슨 앤드 존슨(Johnson & Johnson)을 소개했으며, 이들 기업은 다음과 같은 특징을 갖고 있다고 설명하였다.

· 새로운 아이디어를 발전시키기 위해 기업가적 마인드 조성
· 직원들의 아이디어 개발 독려
· 아이디어 창출을 위한 환경 조성 및 유지
· 빠른 실행을 위한 관료체계 회피
· 끊임없는 향상 노력
· 리스크를 감수하기 위한 인프라와 경영시스템 보유

트레이시는 동일한 가치규율을 추구하는 시장 리더들은 업종은 달라도 공통점이 있고, 추구하는 가치규율의 운영체계와 구조, 문화가 비슷하기

때문에 이직자들 간의 적응 용이성이 동일한 두 산업 부문의 있는 상이한 가치규율을 추구하는 기업 간의 이직에서보다 더 높다고 주장하였다. 그만큼 경쟁력을 확보하기 위한 방식인 가치규율이 기업의 운영 방법과 문화에 미치는 영향이 중대하다는 것을 강조한 것이다. 또한 경쟁우위를 창출하기 위해 원가우위와 차별화의 가치 추구를 동시에 진행해서는 안 된다고 주장했던 본원적 전략에서와 달리, 산업 부문의 일등기업이 되기 위해서는 가장 우선시하는 가치 부문에서는 압도적인 일등이 되어야 하고 동시에 나머지 가치 부문에서도 산업 평균 이상의 높은 수준을 유지해야 한다고 주장하였다.

3. 마일스와 스노우의 전략유형

1978년 마일스와 스노우는 기업이 경쟁우위를 창출하기 위해 사용할 수 있는 전략(Miles and Snow's Typology)을 공격형/탐사형(Prospector), 방어형(Defender), 분석형(Analyzer), 반응형(Reactor)의 네 가지로 구분하여 제시하였는데, 각각의 전략들은 다음과 같다.

표 1 마일스와 스노우의 전략유형

전략유형	환경	조직특성
Prospector 공격형/탐사형	Dynamic, Growing	Creative, Innovative, Flexible, Decentralized
Defender 방어형	Stable	Tight Control, Centralized, Production Efficiency
Analyzer 분석형	Moderate Change	Tight Control & Flexibility, Efficient Production, Creativity
Reactor 반응형	Any Condition	No Clear Organization Approach, Depends on Current Needs

3.1 공격형/탐사형

공격형/탐사형 전략(Prospector Startegy)은 새로운 제품과 시장의 적극적인 개발을 통해 성장을 지향하는 전략유형이다. 이 전략을 실행하는 기업은 새로운 제품 개발과 시장의 선점자가 되는 것을 중시하며, 새로운 경쟁방식을 업계 최초로 도입하여 새로운 시장기회를 창출하기도 한다. 일반적으로 변화가 많고 성장하는 기업환경에서 활용될 가능성이 높은 전략으로서, 이와 같은 전략을 실행하는 기업들은 창조적이고, 혁신적이며, 유연한 조직구조와 특성을 가지고 있고, 의사결정의 권한이 분권화 되어 있는 조직적 특성이 있다.

3.2 방어형

방어형 전략(Defender Startegy)은 기존의 제품을 가지고 기존 시장에서 구축한 포지션의 유지에 역점을 두는 전략유형이다. 일반적으로 경쟁사에 비해 소극적이고, 제한된 제품과 시장 범주를 유지하며, 자사가 안정적으로 확보한 시장에서 비용감소를 통한 효율성 강화를 도모하고, 자사의 사업영역과 무관한 산업 부문의 변화는 무시하는 경향을 나타낸다. 변화가 크지 않은 안정적인 경영환경에서 활용될 가능성이 높은 전략으로서, 방어형 전략을 실행하는 기업은 강력한 통제, 생산 효율성 강조, 의사결정 권한의 중앙집중화 등의 조직적 특성을 나타낸다.

3.3 분석형

분석형 전략(Analyzer Startegy)은 공격형과 방어형의 중간 형태의 전략으로서 핵심제품 시장에서 기존의 포지션을 유지하면서, 동시에 기존의 핵심제품시장과 관련성이 높은 새로운 제품시장으로 확장하는 전략이다. 급진적이지는 않지만, 점진적인 변화가 나타나는 경영환경에서 활용될 가능성이 높은 전략으로서, 분석형 전략을 실행하는 기업은 강력한 통제를 실행하며 동시에 유연성을 강화하고, 생산의 효율성을 강조하면서 동시에 창조성을 강조하는 조직적 특성을 나타낸다.

3.4 반응형

반응형 전략(Reactor Startegy)은 기업이 목적 달성을 위한 방법인 전략을 수정하고 조직의 운영방식을 변경하는 동기가 대부분 외부에서 발생하는 경우에 나타날 수 있는 전략유형이다.

이는 즉흥적으로 경쟁전략을 수립하며 명확하게 정의된 전략의 방향성이 없을 때 발생되기 쉽다. 일관된 시각을 갖고 있지 않으며, 신제품과 시장 개발의 위험을 감수하려는 의지가 약한 기업에서 나타나기 쉬운데 반응형 전략은 어떤 기업환경에서도 발생할 수 있다.

제 5장

시장성장전략

제1절 | 시장성장전략이란?

시장성장전략의 정의와 중요성

1.1. 정의와 목적

기업수준의 시장성장전략은 기업이 경쟁우위를 획득하기 위하여 어떠한 종류의 사업에 참여할 것인가, 그리고 각각의 사업 부문들에 자원을 배분하여 투자하는 의사결정을 내리고 실천하는 행동들의 통합된 조합이다. 즉 기업의 사명, 비전, 목표를 달성하기 위해 '사업 포트폴리오(Business Portfolio)'를 구성하고, 다각화된 기업이 가진 기능을 유기적으로 결합하여 경영자원을 효율적으로 배분하고 관리하는 과정인 것이다.

기업수준의 시장성장전략의 목적은 여러 개의 사업부를 동시에 운영함으로써 추가적인 가치를 창출하는 것이다. 따라서 시장성장전략에서의 주요 의사결정은 주로 기업이 어떠한 종류의 사업에 참여할 것인가, 그리고 이들 사업부문들 간에 자원을 어떻게 할당할 것인가에 대한 것이다. 기업수준의 시장성장전략의 유형으로는 다각화 전략, 수직적 통합전략, 해외진출 전략, 인수합병전략, 전략적 제휴 등이 있는데, 본 장에서는 다각화 전략과 수직적 통합전략에 초점을 맞춰 학습한다.

1.2. 제품-시장 매트릭스

제품-시장 매트릭스(Product-Market Growth Matrix)는 '전략적 관리'의 창시자인 이고르 앤소프(Igo Ansoff) 박사가 1957년 하버드 비즈니스 리뷰에 기업의 성장을 위한 네 가지 방법을 소개한 것으로서, 상품과 시장의 복합적인 네 가지 가설과 방향을 바탕으로 기업의 성장 방향과 위험도를 예측하고, 이를 비교 분석하여 기업의 성장 방향에 대한 의사결정을 내리기 위한 도구이다. 매트릭스에서는 시장이 새로운 시장이냐 아니냐, 제품이 신제품이냐 아니냐에 따라 기업이 선택할 수 있는 네 가지 성장전략 유형을 아래와 같은 매트릭스의 형태로 제시하고 있다.

	기존제품	신제품
기존 시장	기존 시장에 있는 기존 제품 시장 침투	기존 시장에 있는 신제품 제품 개발
새로운 시장	새로운 시장에 있는 기존 제품 시장 개척	새로운 시장에 있는 신제품 다각화

그림 15 제품-시장 매트릭스

▮ 시장침투(Market Penetration) 전략

기존 제품으로 기존 시장에서의 성장을 도모하는 전략이다. 기존과는 다른 마케팅 방식이나 원가절감 방식을 통해 가격경쟁력을 향상시키고, 시장 점유율을 강화해 나아가는 전략이 대표적이다. 또한 프로모션을 통해 경쟁사 고객을 공략하고 자사의 제품 사용률을 높일 수도 있다.

▮ 시장개발(Market Development) 전략

회사의 기존 제품을 가지고 판매 지역 및 고객층 확대 등을 통해 새로운 시장을 개척하여 판매하는 전략으로서, 상품에 대한 다른 시장의 요구를 찾아내거나 지역적인 시장한계를 넘어서는 방법이다. 예를 들면 내수판매만을 하던 기업이 동일한 기존의 상품을 해외시장에서 판매할 수 있을 것이다. 또한 연령대를 확대하여 제품을 판매하는 방식도 시장개발 전략에 해당되는데, 예로 소니의 플레이스테이션의 경우 처음에는 어린이용 오락

기로 제작되어 판매되었지만 이후 청소년과 성인으로까지 시장을 넓혔으며, 초기에는 일본과 미국 등의 한정적인 시장에서만 판매하다가 이후에는 전 세계 거의 모든 곳에서 판매되는 상품으로 그 시장을 넓혀 나아갔다. 시장개발 전략은 기업이 여러 가지 사정으로 인해 신제품 출시가 어려울 경우에 활용할 수 있다.

▮ 제품개발(A Product Development) 전략

회사의 기존 고객들에게 품목 다양화, 기존 제품 업그레이드 등 신제품 출시를 통해 시장 점유율을 높이는 전략이다. 즉, 특정 상품을 통해 고객군이나 시장을 보유한 기업이 같은 고객을 대상으로 다른 종류의 상품을 판매하는 방법으로 기업을 성장시키는 전략으로서, 의류를 판매하는 많은 유럽 명품 브랜드들이 액서사리나 신발 등의 다른 상품을 같은 고객에게 판매하는 경우가 이에 해당된다. 혹은 냉동 팬케익이 주요 판매상품인 기업이 팬케익과 함께 먹는 시럽을 새로운 주력상품으로 키우는 성장방법도 제품개발 전략의 사례이다. 이 전략은 고객과의 관계형성 및 강화를 통해 시장에서 비교우위를 확보하는 전략을 실행하는 기업들에서 흔히 볼 수 있다. 고객들과 의사소통이 원활하며 충성된 고객을 많이 가진 기업들은 고객들의 요구와 시장추이를 파악하는데 강점이 있기 때문에 적절한 시기에 기존 고객들의 요구를 충족시켜주는 더 다양하고 효과적인 상품을 제공할 수 있을 것이다. 이 경우 제품개발 전략은 매우 효율적일 뿐만 아니라 기업을 성장시키는 안전한 방법이 될 수 있다.

▮ 다각화(Diversification)

완전히 새로운 제품을 새로운 시장에 판매하는 전략으로 앤소프가 제시한 네 가지 전략 중에서 가장 혁신적이어야 하며 위험수준이 높은 전략이다. 이는 기존의 주력상품에 대한 기득권을 가지지 못하고 새로운 시장으로의 진입이라는 위험을 감수해야 하기 때문이다. 하지만 다각화는 회사가 지속적인 성장을 하기 위해 활용할 수 있는 매우 중요한 전략이다.

이고르 앤소프는 기업이 지속적으로 성장하기 위해서는 4가지 전략 중 하나를 선택하여 집중하는 것이 아니라, 4가지 전략을 끊임없이 비교하고 분석하여 필요하다면 여러 개의 전략을 동시에 함께 추진할 수 있어야 한다고 주장하였다.

1.3. 기업 수준의 성장전략과 사업부 수준의 경쟁전략과의 연계

기업 수준의 시장성장전략의 핵심은 참여하는 시장과 산업의 범위를 결정하는 것으로, 기업은 자사의 역량, 미래의 변화를 고려하여 이 범위를 신중하게 결정해야 한다. 또한 기업 수준의 성장전략과 사업부 수준의 시장경쟁전략과의 전략적인 연계성을 확보하는 것이 중요하다.

예로 CJ 주식회사는 지주회사로 전환 후 취급하는 사업을 식품과 식품서비스(맛있는 세상), 엔터테인먼트와 미디어(즐거운 세상), 유통과 인프라(편리한 세상), 생명공학(건강한 세상) 등의 제품 범주군으로 구분하고, 각각의 개별 사업부들을 아래 그림에서와 같이 제품 범주군에 구분하여 포함시켰다.

각 해당 제품 범주군 내의 사업부들은 개별 사업들 간의 관련성 정도를 고려하여 구성되었으며, 각 제품 범주군별로 기업 수준의 전략인 '종합생활문화 창조기업'의 미션을 수행하기 위한 전략을 최적화할 수 있도록 배치하고 있다. 즉 종합생활문화 창조라는 기업 수준의 미션이 제품 범주군별로

맛있는 세상	건강한 세상	편리한 세상	즐거운 세상
CJ CHEILJEDANG	CJ CHEILJEDANG BIO사업부문	CJ LOGISTICS	CJ ENM E&M부문
CJ FOODVILLE	CJ FEED&CARE	CJ LOGISTICS 건설부문	CJ CGV
CJ FRESHWAY		CJ OLIVEYOUNG	CJ POWERCAST
		CJ OLIVENETWORKS	
		CJ ENM 오쇼핑부문	

그림 16 CJ 그룹의 제품 범주군과 개별 사업부

※자료: http://www.ibtomato.com/Mobile/mView.aspx?no=4054&type=1 (IB토마토, 2020년 10월 22일자)

맛있는 세상과 건강한 세상 — 식품문화창조(식품&식품서비스), 즐거운 세상 — 유희문화창조(엔터&미디어), 편리한 세상 — 유통문화창조(유통) 등 고객의 생활과 생활형태별 경험을 창조할 수 있도록 구성하여 기업 수준의 성장전략과 사업부 수준의 경쟁전략 간의 일관성을 유지하였다.

제2절 | 다각화의 수준과 유형

1. 관련 다각화 대 비관련 다각화

다각화의 유형은 기존 사업과 새로운 사업 간의 관련성 정도에 따라 관련 다각화와 비관련 다각화로 분류할 수 있다. 관련 다각화는 기업이 수행하는 가치사슬상의 활동, 경영자의 지배논리(Dominant Logic), 여유자원 등에 의해서 기존사업과 관련이 있는 분야로 진출하여 특정기능에서의 경영자원의 생산성 향상, 수익성 변동의 최소화, 기업규모의 증대에 따른 시장지배력 강화, 판매와 생산, 그리고 연구개발활동의 활용도 제고 등의 효과를 창출하기 위해 실행할 수 있다. 반면, 비관련 다각화는 재무상의 위험(Financial Risk)을 감소시키기 위해서 관련성이 낮은 사업 분야로 진출하여 잉여자금의 활용에 따른 효율적 현금관리, 장기적 이윤 극대화, 정보력 향상 등을 도모하기 위해 실행될 수 있다.

관련 다각화는 기업이 보유하고 있는 기존의 내부역량이 기존 사업 내에서 경쟁력을 가지고 있고 이를 관련된 사업에 활용하여 시너지를 창출할 수 있다고 판단되었을 때 적합한 전략적 선택이다. 주로 전략경영 분야에서 논의되는 자원기반 관점이나 '핵심역량'에 관한 논의가 여기에 해당된다. 관련 다각화의 잠재적 효익은 특정 기능 면에서의 비교 우위나 제품 시장에서의 강점을 중심으로 사업부들 간의 자원공유나 기술이전 등을 통한 운영 시너지(Operational Relatedness) 효과에 있다. 기업전략에 있어서도 기업본부는 관련 다각화된 사업부들의 협조적인 관계를 통하여 시너지를 창출하기 위해 의사결정의 집권화와 행동통제를 수행한다. 다각화 전략을 세울 때는 사업부 간의 협동이 필요하고, 기업이 소유한 자원의 효율적인 활용을 통해서 시너지효과의 발생을 목표로 한다. 따라서 기업본부에서는 계열사 간에 협동이 이루어질 수 있는 조직 분위기의 형성에 주력해야 한다.

비관련 다각화의 잠재적 효익은 대체로 운영 시너지보다는 자금 또는 일반관리 등을 공유함으로써 발생하는 재무 시너지(Financial Relatedness) 효과에 있다. 기업전략에 있어 비관련 사업부들에 대해서는 사업부간 경쟁적인 관계를 통하여 재무 시너지를 창출하기 위해 분권화하고 결과물 중심의 통제를 한다. 비관련 다각화는 자원의 공유나 기술이전 등을 통한 시너지효과의 추구보다는 내부자본의 효과적인 활용을 주목적으로 한다. 따라서 비관련 다각화 전략을 세울 때 사업부 간의 협조적인 관계가 아닌 경쟁을 고려할 필요가 있다.

2. 다각화의 수준

위글리와 룸멜트(Wrigley & Rumelt)는 다각화의 수준을 '낮은 다각화 수준(Low Levels of Diversification)', '보통에서 높은 다각화 수준(Moderate to High Levels of Diversification)', '아주 높은 다각화 수준(Very High Levels of Diversification)'으로 구분하고, 기업의 전체 수익(Revenue) 중에서 주요 사업 부문에서 창출되는 수익의 비중과 각 사업부 간의 관련성을 기준으로 다각화를 5가지 유형으로 세분화하여 다음과 같이 제시하였다.

2.1. 낮은 다각화 수준

낮은 다각화 수준을 나타내는 기업들은 '단일사업(Single Business)'이나 '지배사업(Dominant Business)'의 사업구조를 갖는다. 단일사업 구조는 하나의 사업에서 95% 이상의 수익이 창출되는 사업구조로서, 티웨이 항공사와 같이 하나의 업종에서만 경쟁하는 대다수의 기업들이 이에 해당된다. 한편 지배사업 구조는 하나의 사업에서 70~95%의 수익이 창출되며 사업부 간의 연계성이 매우 높은 사업구조이다. 정유산업과 석유화학산업 부문에 진출해 있는 에스오일(S-Oil)은 90%에 가까운 수익을 정유산업 부문에서 창출하고, 나머지 10% 정도의 수익을 석유화학산업 부문에서 창출하고 있고, 두 산업 간의 높은 연계성에 기인하여 시너지를 창출하고 있다. 따라서 에스오일은 지배사업 수준의 다각화를 실행한 사업구조를 갖고 있다.

2.2. 보통에서 높은 다각화 수준

보통에서 높은 다각화 수준을 나타내는 기업들은 '관련 제약(Related Constrained)' 또는 '관련 연결(Related Linked)'의 사업구조를 갖는다. 두 가지 사업구조 모두 주요 사업 부문에서 70% 이하의 수익이 창출되는 사업구조라는 공통점이 있지만, 사업부 간의 연계성 부문에서 차이가 있다. 구체적으로 '관련 제약'의 경우 모든 사업이 연계성을 갖고, 기술, 유통 등의 활동을 공유하는 형태인 반면, '관련 연결'의 경우에는 일부 사업부들 간에만 연계성이 있는 관련 다각화와 비관련 다각화가 혼재되어 있는 사업구조 형태이다.

관련 제약 사업구조에서는 일반적으로 사업부들 간에 눈에 보이는 유형자원을 공유하는 경우가 많으며, 통합의 형태를 보면 수직적 통합인 경우가 많다. 반면 관련 연결 사업구조에서는 사업부들 간에 눈에 보이지 않은 무형자원을 공유하는 경우가 많으며, 통합의 형태를 보면 수평적 통합인 경우가 많다.

2.3. 매우 높은 다각화 수준

주요 사업 부문에서 70% 이하의 수익이 발생하고, 모든 사업부들 간의 연계성이 낮아 시너지를 창출하기 힘든 경우로서, 이와 같은 다각화 유형을 '비관련 다각화'라고 한다. 예로 미국의 듀폰(Dupon) 사는 농산물, 의류, 전자, 안전장비 등 다양한 산업 부문에 진출해 있는데, 각 사업 부문은 다른 사업 부문들과 연계성이 낮아 독립적으로 운영된다.

3. 수직적 통합

3.1. 정의

수직적 통합이란 기업이 전후방의 수직적 가치사슬 중에 어디까지를 내부 활동의 범위로 통합할 것인가를 결정하는 전략으로서 다각화의 한 가지 방법이다. 수직적 통합전략을 실행한 기업은 부품생산에서 유통까지의 수직적 가치사슬 활동 중에서 두 개 이상의 가치사슬 활동을 동시에 내부에서 운영하게 된다.

수직적 통합의 유형은 전방통합과 후방통합의 두 가지 형태로 구분될 수 있다. 원료를 공급하는 기업이 생산기업을 통합하거나, 제품을 생산하는 기업이 유통채널을 가진 기업을 통합하는 것을 전방통합이라고 하는데, 이는 기업의 시장지배력을 강화하기 위해 사용될 수 있다. 반면 유통기업이 생산기업을 통합하거나, 생산기업이 원재료 공급기업을 통합하는 것을 후방통합이라고 하며, 이는 기업이 공급자에 대한 영향력을 강화하기 위해 사용될 수 있다.

수직적 통합은 철강, 석유정제와 같은 원료산업에서 많이 진행되어

왔다. 예를 들면 거대한 철강 제조업체들은 철광산을 후방통합하는 한편, 다른 한편으로는 철강을 사용하여 제품을 제조하는 산업 부문에 전방통합을 통해 진출하면서 경쟁력을 강화하고 있다.

3.2. 거래비용이론

비주류 경제학 중 신제도주의 학파는 기업의 존재 의의를 생산비용 절감의 측면에서 찾고자 하였다. 대표적으로 코즈(Coase, 1937)는 기업은 비용이 적게 드는 기능은 내부화하고, 타사가 이점을 가지고 있는 기능은 시장에 의존하게 된다고 주장하였다. 또한 시장실패는 시장을 통한 거래비용이 기업조직을 통한 관리비용보다 클 때 일어난다고 주장하였지만, 거래비용이 발생하는 구체적인 이론체계나 그의 주장을 뒷받침할 수 있는 사례와 분석결과를 제시하지는 못했다.

코즈의 논문에 후속연구를 내놓음으로써 '거래비용 경제학(Transaction Cost Economics)'이라 불릴 만한 학문의 기초를 닦은 것은 윌리엄슨(Williamson, 1971, 1975, 1985)이었다. 그는 거래비용이 발생하는 이론체계를 수립하기 위해 코즈가 제시한 거래비용에 '감시비용'을 더했고, 수직적 통합이 자신의 이론체계를 적용할 수 있는 좋은 모형이었기에, 이를 통해 거래비용에 대해 설명하였다. 윌리엄슨이 제시한 거래비용 경제학에 따르면 거래의 당사자가 거래의 성립을 위해 지불해야 할 비용은 크게 세 가지 관점에서 발생한다.

첫째, 거래 당사자들은 자기중심적인 이기적 성향(Self-Opportunism)을 가지므로 거래의 당사자들이 거래를 성실하게 수행할 수 있도록 하는 감시비용(Monitoring Cost)이 발생한다. 둘째, 실제 거래가 성립하는 데 필요한 거래당사자 간 정보의 제약성(Information Asymmetry)을 극복하기 위한 조정비용(Coordination Cost)과 제한적 합리성(Bounded Rationality)의 문제에 따른 비용이 발생한다. 셋째, 거래에 투자되는 거래 당사자들의 자산이 그 특정거래에

국한되어 자산의 특수성(Asset Specificity)이 높을 경우, 거래에 소요되는 비용이 상대적으로 더 증가할 수 있다. 특히 자산의 고정성이 높을수록 이기적 행동성향과 정보제약성의 문제는 더욱 증가할 수 있고, 이 경우 조직 내부적으로 거래가 이루어지는 것이 상대적으로 더 효율적이라는 것이다.

거래비용이론이 설명하는 조직 내부 거래(Internal Transaction)란 조직의 관료적 체계를 통해 이루어지는 거래의 조정과 관리를 의미한다. 조직 내부 거래의 조정은 조직 내부적 거래당사자 혹은 종업원의 행동과 성과를 감독할 수 있는 위계적 통제 시스템(Hierarchical Control System)과 이기적인 행동을 제어할 수 있는 인센티브 시스템(Incentive System) 등 크게 두 가지 방법에 의해 이루어진다.

3.3 수직적 통합의 동기

자본주의 사회가 발전했던 초기에는 시장에 의한 거래가 많았지만, 20세기부터는 기술진보, 생산기술 및 경영관리 기법 등의 발전으로 내부 조직의 관리 비용이 줄어든 결과 수직적 통합을 통한 내부화로 인해 거대기업의 숫자가 빠르게 증가하기 시작하였다. 하지만 최근에는 정보기술의 진보와 경쟁심화에 따라 시장을 통한 거래비용이 기업의 내부조직을 통한 관리비용보다 낮아지게 되어 기업들이 내부화를 줄이고 시장거래로 대체하려는 경향이 나타나고 있다.

기업들은 거래 상대방의 기회주의적 행위(opportunism) 발생가능성이 높고, 제한적 합리성(Bounded Rationality)이 있으며, 불확실성(Uncertainty)이 높고, 자산의 특수성(Asset Specificity)이 높을 때 수직적 통합을 통한 내부화를 강화하는 경향을 나타내기 쉬운 반면, 이와 같은 네 가지 요소들의 수준이 낮아질수록 시장거래를 선호하게 된다.

3.4. 수직적 통합의 장점과 단점

수직적 통합은 시장거래보다 전후방 간의 안정적인 거래가 가능하도록 하여 모든 공정이 순조롭게 중단없이 가동될 수 있도록 해준다. 또한 재고를 많이 보유할 필요가 없어져 재고비용 절감에도 유리하며, 시장거래보다 공급물품의 품질을 통제하기도 쉽고, 전후방 사업간 긴밀한 조정과 협력이 원활할 경우 재빠르게 새로운 사업기회를 포착할 수 있다는 장점이 있다.

반면 기술변화, 경기순환 등 환경변화에 대응하기 위한 유연성이 떨어지고, 일부영역의 문제가 수직적 계열 전체의 문제로 확산되게 만드는 원인이 될 수도 있다. 또한 전후방 간 안정적 거래가 보장되어 신제품 개발 및 원가절감에 대한 혁신의지와 인센티브가 떨어지는 등 조직의 혁신성을 약화시킬 수 있으며, 규모가 커지고 관료적 통제가 많아져서 관리비용 및 비효율성을 증가시킬 수 있다.

제3절 | 다각화의 동기

기업이 다각화를 하는 동기들은 기업의 가치를 높여줄 수 있는 '가치향상 동기', 기업가치에 미치는 영향을 예측하기 어려운 '가치중립 동기', 기업가치를 떨어뜨리는 '가치하락 동기'로 구분될 수 있다.

1. 가치향상 동기

기업의 가치향상에 도움이 되는 다각화의 동기는 다각화의 유형, 즉 관련 다각화와 비관련 다각화에 따라 다를 수 있다. 이들 다각화 유형별로 기업가치 향상에 도움이 되는 전략적 동기들은 다음과 같다.

■ 관련 다각화의 경우

① **범위의 경제(Economies of Scope) 효과 창출**

· 활동 공유: 하나의 사업 영역에서 개발된 기업의 역량을 다른 사업 영역에서 활용함으로써 창출할 수 있는 비용절감 효과이다.

a. **운영 측면의 관련성(Operational Relatedness)을 활용한 활동 공유**

· 주 활동(Primary Activity)이나 지원활동(Support Activity) 부문의 특정 기능을 공유함으로써 운영 측면의 관련성을 창출함

· 예시: P&G의 종이 타월과 기저귀 사업

b. **기업 측면의 관련성(Corporate Relatedness)을 활용한 활동 공유**

· 모방하기 힘든 기업 노하우, 관리와 기술 지식, 경험 등과 같은 기업의 핵심역량을 전수하고 공유하여 가치를 창출함

· 사업부 간 중복투자를 예방하여 비용을 절감하는데 도움이 됨

② **시장지배력(Market Power) 강화 – 관련 다각화**

· 다시장 경쟁(Multipoint Competition): 복수의 시장에서의 동시경쟁을 통한 경쟁자 견제 방식으로 시장지배력 강화

- 경쟁사의 본거지를 공격
- 예제 1: FedEx(항공운송) vs. UPS(육상운송)
- 예제 2: 1969년 세계 3위 타이어 제조사인 미쉐린은 세계 1위 제조사인 굿이어의 주요시장인 북미(캐나다)에 생산기반을 구축하여 미주 시장 점유율을 8%까지 높임. 이에 맞서 굿이어는 유럽시장 공략을 강화하였고 점유율을 12%까지 높임

· 수직적 통합(Vertical Integration): 경쟁력, 통제력 강화 등을 목적으로 외부의 공급업체나 유통업체 등을 통합하는 전략으로, 이를 통해 시장지

배력 강화를 도모

- 후방통합(Backward Integration)
- 전방통합(Forward Integration)

▮비관련 다각화의 경우

① **재무 경제(Financial Economies)**

기업의 내부와 외부에 대한 최적의 투자를 통해 달성될 수 있는 비용 절감 효과

· 효율적 내부 자본 할당(Internal Capital Allocation)
  - 외부 투자자보다 다각화 사업의 활동 및 성과관리를 위한 보다 상세하고 정확한 정보를 활용하여 효율적인 자본 할당이 가능함
  - 부정적 정보와 상세한 정보들에 대한 높은 접근성
  - 내부 정보가 경쟁자에게 노출되는 것을 방지할 수 있음
  - 위험분산 가능 - "Don't pup all eggs in an basket"

② **외부투자와 구조조정(restructuring)**

· 시장에서 저평가된 기업자산에 투자한 후 구조조정을 통해 성과를 개선시킨 후 다시 매매함으로써 재무 경제를 실현할 수 있음
· 일반적으로 불확실성의 수준이 낮은 성숙기에 진입한 Low-Tech 산업 부문에서 실행
· 기업성과의 상당 부분을 특정 인적자원에 의존하는 기업에 대한 투자는 적절하지 않음

2. 가치중립 동기

가치중립 동기 요소들은 해당 요소들로 인해 발생하는 다각화가 성과에 미치는 영향을 예측하기 어려운 동기들이다. 가치 중립적인 동기들은

기업 외부적인 요소들에 의한 동기와 내부적인 요소들에 의한 동기로 구분될 수 있는데, 외부적인 동기요소에는 반독점규제와 세법이 포함되며, 내부적인 동기 요소에는 낮은 성과와 불확실한 현금흐름이 포함된다.

· 외부 인센티브: 반독점규제, 세법
· 내부 인센티브: 낮은 성과, 불확실한 미래의 현금흐름

▮ 반독점규제 – 미국 사례

· 1960~1970년 사이 반독점규제 때문에 기업 인수를 통해 비관련 다각화가 성행
· 1980년대부터 반독점규제가 약해지면서 수평적 통합 성행
· 1990년대부터 다시 규제가 강화되어 비관련 다각화가 성행

▮ 세법 – 미국 사례

· 1960~1970년에는 배당에 대한 높은 세율로 인해 기업은 배당보다 다른 기업의 인수 등과 같은 재투자를 함
· 1986년, 배당세율이 낮아짐(50%→28%)에 따라 기업은 다각화보다는 배당을 실시

▮ 낮은 성과

· 낮은 성과는 새로운 가치창출을 위한 압력으로 작용하여 기업의 다각화를 증가시키는 요인으로 작용

▮ 불확실한 미래의 현금흐름

· 기업제품 라인의 시장이 성숙하거나 경쟁자에 의해 위협받는 경우, 방어수단으로 다각화를 추진

3. 가치하락 동기

경영자적 동기(Managerial Motives)라고도 하는 다각화의 가치하락 동기는 경영자와 주주 간의 정보의 불균형(Information Asymmetry)과 경영자의 기회주의적 행동(opportunism)에 의해 기업가치에 부정적인 영향을 미칠 수 있음에도 불구하고 과도한 다각화가 이뤄지게 되는 경우이다. 구체적으로 경영자는 주주보다 기업 운영과 관련한 정보에 대한 접근성에 있어 우위에 있는데, 이를 활용하여 자신의 고용위험(Employment Risk)을 분산시키고, 보상을 증대시키기 위해 과도한 다각화를 추진할 수 있는 것이다.

· 다각화를 통해 기업 규모를 키움으로써, 더 많은 보상을 기대함
· 일단 다각화 프로젝트가 진행되면 경영자를 함부로 교체하기 어려움
· 해고가 된다 해도 복잡하고 큰 기업을 운영했던 경험에 기초하여 재취업이 용이함

한편 기업은 지배구조를 활용하여 경영자의 과도한 다각화 시도를 견제할 수 있다.

제6장

사 회

제1절 | 자본주의사회의 변화

미국을 중심으로 발전해 온 자본주의사회는 그림 17에서와 같이 변화되어 왔다.

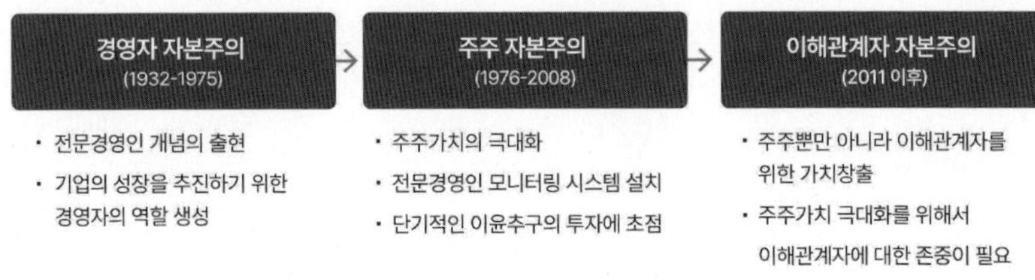

그림 17 자본주의사회의 변화

이하에서는 각 단계의 자본주의사회 체제에 대해 살펴볼 것이다.

1. 경영자 자본주의

20세기 초반 미국에서 출현한 경영자 자본주의(Managerial Capitalism)는 소유와 경영이 분리된 주식회사에서 경영이 전문경영인에 의해 이뤄졌던 경영체제를 의미한다. 20세기 초반 미국의 기업들이 빠르게 성장하면서, 주식발행을 통한 기업의 자금조달 활동이 활성화되었고, 발행된 주식들이 불특정 다수의 주주들에게 광범위하게 분산되기 시작했다. 이러한 현상은 주식회사에서 소유와 경영의 분리를 촉진하는 계기가 되어 주주가 경영자를 임명하고, 경영자는 경영 전반을 책임지는 기업의 운영형태가 정착되었다.

저명한 경영사상가인 로저 마틴(Roger Martin) 교수는 1932~1975년 기간 동안을 미국에서 경영자 자본주의가 번성한 시기로 설명하고 있다. 이

기간 동안 대주주들은 기업 경영을 전문경영자에게 위임하였으며, 배당에 대한 요구도 과도하게 하지 않았다. 이처럼 주주들의 배당 압력이 높지 않았던 이유는 이 기간 동안에는 자본이득에 대한 세율보다 배당금에 대한 세율이 훨씬 높아서 배당금을 지급받는 것보다 기업 성장을 위해 투자하고 주가를 상승시켜 자본이득을 얻는 편이 훨씬 더 유리했기 때문이다. 따라서 이 기간 동안 많은 경영자들은 기업이 창출한 이익을 기업 내부에 유보하고, 이를 신규투자나 경쟁기업 또는 다른 업종의 기업을 인수하는데 활용하였다. 또한 기업 규모가 커질수록 경영자의 권한과 영향력은 더욱 확대되었고, 확대된 경영자의 권한과 영향력은 기업 규모를 추가적으로 커지게 만드는 데 활용되었다. 한편, 기업의 경영자들이 자신들의 권한과 영향력을 더욱 확대시킬 목적으로 축적된 내부자금을 신규투자와 기업 인수에 집중적으로 활용하면서, 산업 전체적으로는 과잉투자와 과잉설비의 문제가 발생하기도 했다.

2. 주주 자본주의

미국 경기는 1960년대 후반부터 침체되기 시작했다. 경기침체로 인해 수요가 둔화되자, 과잉설비를 보유한 미국 기업들의 이익은 축소되고 주가가 하락하였다. 미국의 주가지수가 1940년대부터 1960년대 중반까지는 가파른 상승세를 보였으나, 1960년대 후반부터 1970년대 후반 사이에는 하락하는 추이를 나타냈다. 그리고 이러한 미국 기업들의 주가하락은 결국 경영자 자본주의에서 주주 자본주의(Stockholder Capitalism)로의 이행이라는 결과를 초래하였다.

로저 마틴 교수는 1976년부터 글로벌 금융위기가 발생한 2008년까지를 주주 자본주의 시대로 설명하였다. 경기침체와 주가하락으로 더 이상 자본이득을 기대하기 어렵게 된 주주들이 배당에 대한 압력을 강화하고,

주주의 이익을 위한 기업 경영을 강조하게 된 시기이다. 로저 마틴 교수가 1976년을 주주 자본주의의 원년으로 보는 이유는 해당 연도에 젠센(Jensen)과 메클링(Meckling)이 주주 자본주의를 주창하는 기념비적인 논문을 발표했기 때문이다. 젠센과 메클링은 '기업이론: 경영행동, 대리인 비용 및 소유구조'란 논문에서 전문경영인들이 주주보다 자신의 이익을 앞세우기 때문에 주주의 이익을 극대화하는 것이 기업의 목표가 되어야 한다는 주장을 제시하였다. 주주 자본주의 관점에 따르면 주식회사의 경영자는 주주 이익의 극대화를 위해 노력해야 한다. 즉, 주주에게 최대한 많은 배당이나 시세차익을 확보해주고 세금을 최대한 적게 내서 주주의 금전적 혜택을 극대화할 수 있도록 기업을 경영해야 하는 것이다.

주주 자본주의에서 기업가치의 극대화와 주주 이익의 극대화를 동일하게 취급했던 이유는 주주를 주식회사의 주인으로 보았기 때문인데, 주식회사에서 주주를 회사의 주인으로 보는 이유는 다음과 같다. 주주는 다른 이해관계자들과 달리 자본을 제공하고 기업 경영에 따른 위험을 부담한다. 채권자도 주주처럼 기업에 자본을 제공하지만 채권자는 기업의 영업실적에 관계없이 제공한 자본과 이에 대한 이자를 청구할 수 있다. 반면 주주는 채권자가 제공한 자본을 상환하고 남는 잔여재산에 대해 청구권을 갖는다. 즉 채권자는 기업의 영업실적과 관계없이 제공한 자본과 이에 대한 이자를 청구할 수 있지만, 주주가 청구할 수 있는 금액은 기업의 영업실적에 따라 크게 달라질 수 있는 것이다.

한편, 기업에 인적 자본을 제공하는 종업원도 기업의 영업실적에 따라 손실을 입을 수 있다. 기업의 이익이 줄어들면 임금이 삭감될 수 있고, 기업이 파산하면 실직하게 된다. 하지만 기업이 파산하게 되더라도 종업원은 다른 곳에 이직할 수 있기 때문에 인적 자본 자체를 잃게 되지는 않는다. 하지만 주주는 기업이 파산하면 자신이 제공한 자본 자체를 잃게 된다. 우리나라에서도 1997년 외환위기 이후 주주 권리에 대한 인식이 강화되면서 주주 자본주의에 기초한 변화들이 소액주주권리의 강화, 사외이사제도의 확대, 경영 투명성의 강화 등의 형태로 나타난 바 있다.

사실 주주의 권리를 강조하는 주주 자본주의 자체에 문제가 있는 것은 아니다. 하지만 기업이 이해관계자들의 이익을 손상시키면서 주주 이익만을 추구한다면 사회적인 문제가 초래될 수 있고, 기업 자체의 지속가능성 확보도 어려울 수가 있다. 기업이 주주에 대한 배당과 주가관리에만 전념한 나머지 신규투자를 기피한다고 가정해보자. 신규투자가 줄어들면 종업원의 채용도 줄어들고, 기업은 점차 성장 동력을 잃게 될 수 있다. 이로 인해 주주의 이익이 단기적으로 늘어날 수 있을지 모르지만, 장기적으로는 기업과 주주의 이익이 줄어들 수밖에 없는 것이다.

3. 이해관계자 자본주의

이해관계자(Stakeholder) 자본주의는 기업의 공익적 책임을 중시하고, 고객, 노조, 거래기업, 채권자, 정부, 지역사회 등 다양한 이해관계자의 공존공영에 기업경영의 초점을 맞추는 자본주의 모델이다. 이해관계자 자본주의는 상대적으로 자본시장이 덜 발달되고 은행 중심의 금융시스템이 발전된 독일에서 시작되었다. "독일의 기업들은 주주 이익보다 기업의 전체적인 이익을 훨씬 중시하는 경향이 있으며, 기업 내부의 질서는 공적 이해를 대변해야 하고, 법과 단체협약 등에 의해 광범위한 사회적 규제를 받는다. 또한 기업에 자본을 제공한 대형은행의 임원들이 참여하는 독일 주식회사의 감독이사회(Aufsichtsrat)는 주주의 이해만을 대변하지 않고 모든 이해관계자들의 이해와 함께 공익을 고려하여 의사결정을 한다."

주주 자본주의가 발달한 미국에서도 2010년대 초반부터는 주주 자본주의가 이해관계자 자본주의로 전환되어야 한다는 주장이 대두되고 있다. 이익 추구는 기업의 영원한 본질이지만 이것에만 몰두해선 지속가능한 경영을 하기 힘들게 되었다는 인식의 전환이 사회적으로 확산되었기 때문이다. 특히 해외 사업의 비중이 큰 다국적 기업의 경우 이해관계자를 중시하는 기업경영이 더욱 중요하다. 역사, 인종, 문화가 다른 나라에서 사업을 하면서 돈벌이에만 치중한다면, 결코 좋은 평판을 얻을 수 없기 때문이다.

한 예로 미국의 세계 최대 커피 프랜차이즈 업체 스타벅스가 콜롬비아 등 개발도상국 커피 농장을 착취한다는 비판에 직면했던 경우를 생각해 볼 수 있다. 결국 스타벅스는 공정무역 인증 원두를 구매하기로 정책을 바꾸고 점차 그 비중을 확대해 기업 이미지 개선에 나서게 되었다. 또한 유럽계 정유사 로열더치셸은 원유를 실어 나르는 유조선이 기름을 유출하는 사고를 일으켰고, 결국 이 문제가 사회적 이슈가 되어 이 회사는 피해국 사람들뿐만 아니라 국제사회의 비난에 직면하게 되었다. 이처럼 현대사회는 물건을 많이 팔아 이익의 극대화만을 추구하는 기업을 비난하고 심지어는 이들의 존립에 위협을 가하고 있다. 이런 변화를 겪으면서 주주 자본주의가 이해관계자 자본주의로 점차 전환되고 있는 것이다.

한국 사회와 기업들에서는 그동안 이해관계집단이 너무 좁은 범위로 정의되어 왔고 이해관계자들 사이의 균형관계가 유지되지 못해왔다는 지적을 받아왔다. 즉, 지배주주와 소액주주, 종업원, 하청업체 그리고 채권자 등 기업의 이해관계자들 사이의 견제와 감시 또는 의견수렴이 제대로 이뤄지지 못해왔던 것이다. 이제 우리나라도 사회적인 공유가치창출(CSV: Creating Shared Value)이 주요 국가전략이 되었고, 이해관계자와의 상생을 도모하지 않는 회사는 살아남기 어려운 시대로 접어들었다. 또한 사회적 책임이 기업 지속가능성(sustainability)을 위한 핵심 화두가 되고 있는데, 특히 사회적 영향력이 큰 대기업들에게는 더욱 그렇다. 그리고 이 같은 현상에 대해서는 기업이 착해져서라기보다는 살아남기 위해 사회에 눈을 돌린다고 보는 주장이 일반적이다. 장기적인 관점에서 이익의 극대화는 기업이 경제적 성과뿐 아니라 사회적 성과와 환경적 성과를 포괄적으로 관리해야 가능하기 때문이다.

제2절 | 자본주의 모델

1. 자본주의 모델의 변화와 자본주의 4.0

영국의 더 타임스 칼럼니스트이며 경제평론가인 아나톨 칼레츠키(Anatole Kaletsky)는 『자본주의 4.0』이라는 저서를 통해 자본주의 발전과정을 네 단계로 나누고, 신자유주의를 대체할 새로운 경제 패러다임으로서 자본주의 4.0을 제시했다(Kaletsky, 2010). 자본주의 4.0이란 용어는 소프트웨어 버전(version)처럼 진화 단계에 따라 숫자를 붙일 때 네 번째에 해당하는 자본주의라는 뜻에서 조어되었다.

18세기 후반에 발생한 1차 산업혁명을 바탕으로 등장한 고전적 자유주의(자유방임주의)는 기업의 자유로운 활동을 강조하여 생산 효율성을 증대시켰다. 하지만 다른 한편으로는 시장독점에 따른 빈부격차를 심화시켰고, 자유방임주의에 따른 사회적 문제가 심각해지자 1930년대에는 2차 산업혁명과 더불어 정부의 통제 역할을 강조하는 수정적 자유주의가 등장하였다. 그러나 이 시기에도 정부의 역할은 여전히 제한적이었고, 2차 산업혁명에 따른 대량 생산체제 구축은 영국 런던의 그레이트 스모그와 같은 심각한 환경오염의 원인이 되었다.

이후 1970년대에는 3차 산업혁명을 바탕으로 하는 새로운 자본주의 모델이 등장했다. 당시 무역 장벽이 완화되면서 선진국 주도의 글로벌

표 2 자본주의의 진화 형태

자본주의	대두시기	특징	대표어록
고전적 자유주의 (자유방임주의) 1.0 시대	18세기 후반	자유롭게 경쟁적인 시장에서 각 주체들이 이윤추구원리에 따라 움직이는 경제가 생산성을 극대화한다고 보는 체계	개인의 자신의 이익만을 추구하지만 그 과정에서 '보이지 않는 손'에 의해 전체경제의 복리가 증진된다(애덤 스미스)
수정적 자본주의 (케인즈주의) 2.0 시대	1930년대 대공황 1960년대	독점의 폐해와 빈부격차 등을 국가의 개입으로 완화해야 한다고 주장	정부기능의 확대는 현 경제 체제의 전면적인 붕괴를 회피하는 유일한 수단이므로 지지한다(존 메이나드 케인즈)
신자유주의 (통화주의) 3.0 시대	스테그 플레이션 1970년대	국가권력의 시장개입을 비판하고 자유시장과 자유무역, 규제완화, 국제적 분업 등을 강조	평등을 실현하기 위해 시장을 내버려두지 않고 간섭하면 시장보다 더 큰 불평등이 초래된다. 이런 불편등은 정치적 불평등이 되고 많은 사람들을 정치적으로 억누를 것이다(프리드리히 폰 하이에크)
공생적 자본주의 (공동체 자본주의) 4.0 시대	2000년 이후 본격화	시장주의 바탕 위에서 사회공헌이라는 부가가치를 생산해야 지속가능한 발전이 가능하다고 믿는 상생의 체계	좋은 일을 하면서 돈 버는 기업이야말로 더 나은 세상을 만드는 도구가 된다(무하마드 유누스)

※자료: 최종태(2011)에서 인용

시장확대가 진행되었고, 기업의 활동은 자율성을 토대로 하는 신자유주의 시대로 연결되었다. 그러나 글로벌화가 진행될수록 악화되는 환경과 사회적 문제는 국제적 이슈로 부상했고, 이에 대응하기 위해 2000년대에는 산업화 과정에서 발생하는 문제들을 해소하고 사회의 안정성을 확보하기 위한 공생적 자본주의가 등장했다. 이후 2010년대에는 정보통신 기술의 발전을 배경으로 진행된 4차 산업혁명을 통해 사회구성원의 사회적 네트워크가 강화되면서 기업으로 인해 발생하는 환경과 사회적 문제에 대해 공동으로 대응하는 분위기가 형성되었다. 그리고 이는 기업으로 하여금 사회적 가치와 경제적 가치를 동시에 추구하는 지속가능경영과 공유가치

창출 활동을 강화하게 만드는 계기가 되었다.

18세기 자유방임주의에 입각한 고전적 자본주의가 자본주의 1.0이라면, 1930년대 정부의 역할을 강조한 수정적 자본주의와 1970년대 말 시장의 자율을 강조했던 신자유주의는 각각 자본주의 2.0 및 3.0에 해당된다. 한편 공생적 자본주의를 의미하는 자본주의 4.0은 "시장주의에 바탕 위에서 사회공헌이라는 부가가치를 생산해야 지속가능한 발전이 가능하다고 믿는 상생 체제"이다.

2008년 금융위기를 거치면서 신자유주의 체제로는 자본주의 사회의 지속가능한 발전이 어렵고 새로운 패러다임의 자본주의가 필요하다는 인식이 전 세계적으로 많은 공감을 얻었다. 신자유주의는 기본적으로 국가권력의 시장개입을 비판하고 자유시장과 자유무역, 국제적 분업 등을 강조하는 자본주의체제로서, 시장경쟁을 통해 기업의 수익성을 향상시켜 결국 더 많은 부를 창출하는 데 주된 목적을 두고 있다. 실제로 신자유주의 체제하에서 기업들의 부의 창출은 증가하였으나, 경기 양극화, 빈부격차의 확대 등 사회 불평등의 심화라는 문제가 발생하였다.

이에 반해 자본주의 4.0은 시장경쟁에서 낙오된 빈곤 계층과 사회적 약자를 그대로 방치하지 않고 함께 끌어안고 나아가자는 주장에 기초한 '따뜻한' 자본주의 체제라고 볼 수 있다.

이하에서는 『자본주의 4.0』의 저자인 아나톨 칼레츠키가 그의 저서와 파이낸셜뉴스와의 인터뷰(2012년 1월30일)에서 주장한 내용들에 기초하여, 자본주의 4.0 체제의 주요 특성들과 특별히 한국 사회에 대한 시사점들을 살펴보도록 한다.

첫째, 칼레츠키는 자본주의 4.0 체제에서는 연금 · 교육 · 의료 · 각종 사회 인프라 등에서 공공의 기능을 축소하고, 반면 민간 기업의 역할 확대가 이루어져야 함을 주장하고 있다. 즉 모든 정부 주도의 공공서비스 부문들이 민간에 이양될 수는 없지만, 의료, 교육 등 현재 공공부문에서 담당하고 있는 일부 부분들에 대해서는 민영화가 이뤄지는 것이 바람직하다는 것이다. 칼레츠키는 공공서비스의 민영화가 기업들 간의 경쟁을 유발시켜 사람들에게 더 나은 서비스를 제공할 수 있는 좋은 수단이 될 수 있다고 설명하였다. 예로 서구에선 오랜 기간 정부가 공공서비스를 운영했는데, 이로 인하여 사람들은 수도, 전화, 통신 등에 불만을 가져왔다. 칼레츠키는 사람들의 이와 같은 불만이 제기되는 영역들을 민영화함으로써 질적 만족도를 향상시킬 수 있으며, 기업의 입장에서는 생산성 향상을 도모하여 결국 소속 직원들의 임금인상 등 다양한 혜택을 누릴 수 있음을 주장한 것이다.

그리고 공공서비스 부문에 대한 민영화 과정에서 기업의 주된 역할은 복지에 대한 투자비용의 확대를 일방적으로 부담하는 것이 아니라, 그동안 정부가 담당했던 의료, 교육 등 공공서비스를 효과적으로 판매하는 데 있음을 분명하게 하고 있다. 즉 기업은 복지수혜자들의 욕구를 충족시켜줄 수 있는 서비스를 효과적으로 개발하고 제공하여 정부, 기업, 국민 모두가 만족할 수 있는 복지체계를 구축하는 데 기여하고, 실행과정에서 좀 더 적극적인 역할을 수행할 필요가 있다는 것이다. 사실 유럽뿐만 아니라, 신흥경제 국가들에서도 이와 같은 목적하에 일부 공공서비스 부문에 대해서는 점진적인 민영화가 이루어지고 있는 추세이다.

둘째, 자본주의 4.0체제 하에서의 정부역할과 관련하여 칼레츠키는 정부는 민간부문에서 해결할 수 없는 갑작스러운 사고나 질병, 실업 등에 대해서만 직접적인 지원을 실행해야 한다고 주장하였다. 즉 정부의 복지시스템은 항상 모든 사람에게 주어져야 하는 것이 아니며, 어쩔 수 없는 상황에서의 마지막 보호망(Safety Net)으로 활용되어야 한다는 것이다. 예를 들어 실업보험은 지금보다 정부가 더 많은 부분을 책임지고 보험금도 높여야 할 것이다. 결국 자본주의 4.0시대에서의 복지시스템은 공공과 민간 기업들 간의 조화로운 혼합모델을 통해 전체적으로 확대될 수 있을 것이다. 정부는 이익 극대화를 주된 목적으로 하는 기업들에 대해서 정치적인 시스템을 활용하여 사회에 기여하는 '착한 기업'이 되도록 유도해야 한다.

셋째, 칼레츠키는 사회의 전반적인 복지 확대는 신흥국에서 선진국으로 가는 주요단계 중 하나이기 때문에, 한국을 포함한 모든 신흥국가들에서 필수 불가결한 요소임을 설명하고 있다. 하지만 전반적인 복지확대의 과정에서 복지를 위한 재정이 정말 필요한 사람들에게 제대로 사용되고 있는지에 대해서는 철저한 관리가 필요하다는 주장을 부연하고 있다. 칼레츠키에 의하면 유럽의 실수는 '모든 사람'에게 복지혜택을 준 데 있다. 자본주의 4.0시대에서 복지 혜택은 정말 가난한 사람, 실업자 등에게만 가야 한다. 그리고 방법론적으로 보면 가난한 사람과 실업자들에게 단발적인 물질로서 제공하는 것이 아닌, 교육을 통해 다시 직업으로 돌아갈 수 있도록 하는 데 돈을 써야 한다.

넷째, 한국의 건강보험제도와 관련하여 칼레츠키는 정부는 심각한 질병이나 긴급한 상황 등에는 도움을 주되 감기 등의 질병에는 보험 혜택을 주면 안 된다는 주장을 제시하였다. 그리고 건강보험의 민영화로 인해 가난한 사람이 비싸진 보험료를 감당 못하는 등의 잠재적인 문제점은 모든 사람에게 동일한 공공서비스 민영화 기준을 적용하지 않고 정부가 임금 수준, 실업, 심각한 질병 등의 일정 기준을 마련해 기준에 못 미치는 사람들에게만 복지 서비스를 지원하는 방식으로 개선할 수 있음을 주장하였다

마지막으로, 한국 정부가 자본주의를 대체할 새로운 모델을 만들기 위해 노력하고 있는 점에 대해 칼레츠키는 긍정적인 평가를 내리고 있다. 그는 우리 정부가 주장하는 공생발전, 대기업과 중소기업이 함께 성장하는 모델은 매우 바람직한 반면, 과거처럼 몇몇 대기업이 산업 전체를 이끌어가는 시장구조는 심각한 경제불균형의 문제를 발생시킬 수 있음을 지적하고 있다. 따라서 유럽과 미국에서 1990년대 이미 기업을 전문화하고 세분화했던 것처럼, 자동차, 전기, 기계 등 고유 업종별로 대기업들의 사업구조를

재편하는 것이 한국 경제의 효율성을 위해 꼭 필요한 사항임을 주장하였다.

2. 자본주의 4.0 시대와 사회적 기업

자본주의가 칼레츠키가 제시한 자본주의 4.0으로 진화하기 위해서는 사회적 기업의 역할이 중요하다. 사회적 기업은 사회적 문제의 해결이라는 사회적 목적을 추구하고, 이를 위해 이윤창출을 위한 영업활동을 수행하는 조직이다. 사회적 기업의 목적은 시장실패나 정부실패에 의해 초래된 사회적 문제의 해결이다. 하지만, 사회적 기업은 조직 목적의 달성을 위해 영리조직인 일반 기업들처럼 수익창출을 위한 영업활동을 수행한다. 이러한 이유 때문에 사회적 기업은 영리조직과 비영리조직의 중간 형태의 조직으로 볼 수 있다.

사회적 기업의 효시는 노벨 평화상을 받은 방글라데시의 빈민운동가 무하마드 유누스(Muhammad Yunus)가 세운 '그라민은행(Grameen Bank)'에서 찾을 수 있다. 방글라데시 치타공 대학의 경제학과 교수로 재직 중이던 유누스는 1976년부터 자신이 은행에서 대출한 자금으로 빈민들에게 소액대출을 하는 '그라민은행 프로젝트'를 운영했다. 그리고 대출상환 능력이 불분명한 빈민들에 대한 무담보 소액대출 프로젝트가 성공을 거두자, 1983년에는 그라민은행이라는 법인을 설립하였다. 그라민은행은 1993년에 첫 흑자를 기록하였고, 대출 회수율이 97%에 달하는 가운데 그라민은행에서 대출을 받은 400만 명 이상의 빈민이 절대 빈곤에서 벗어날 수 있게 되었다.

그라민은행의 사례는 다음의 두 가지 시사점을 제공한다. 첫째, 사회적 기업이 정부실패와 시장실패가 발생하기 쉬운 영역에서 사회적 가치를 효과적으로 실현할 수 있다는 가능성을 보여준다. 빈민의 구제라는 사회적 가치의 실현은 시장에 맡겨서 해결될 수 없으며, 따라서 정부들의 역할과 책임으로 인식되어 왔으나, 사실 그 동안 세계 각국의 정부들은 이 문제의 해결에 그다지 성공적이지 못했다. 그라민은행은 빈민 구제라는 사회적 목적의 달성을 위해 대출자들에 대한 밀착되고 정교한 심사, 엄격한 연체관리시스템 등 영리조직의 경영기법들을 수단으로 활용하였다. 이는 그라민은행처럼 사회적 가치와 경제적 가치를 동시에 추구하는 사회적 기업이 시장과 정부가 해결하지 못하는 빈곤과 같은 사회적 문제를 효과적으로 해결할 수 있음을 보여준다.

둘째, 사회적 기업이 사회적 가치 창출이라는 목적을 효과적으로 수행하기 위해서는 어느 정도의 경제적 가치의 창출이 밑바탕이 되어야 한다는 점이다. 만약 그라민은행의 대출이 회수되지 못하여 계속 적자를 면치 못했다면, "빈민들을 절대 빈곤으로부터 구제"라는 사회적 가치가 실현되기 어려웠을 것이다. 그라민은행은 빈곤퇴치를 목적으로 하는 사회적 기업이면서 국제금리 수준보다 높은 금리의 대출과 높은 회수율을 통해 고수익을 올리는 우량은행이기도 하다. 그라민은행 대출의 연간 금리는 일반대출은 20%, 주택마련대출은 8%, 학자금대출은 5%로 국제금리 수준에 비해 높은 수준이며, 2007년 기준으로 그라민은행의 매출과 영업이익은 각각 1억 5천 달러, 156만 달러에 달했다.

제3절 | 지속가능경영

1. 지속가능성, 지속가능한 발전, 지속가능경영

최근 전 세계적으로 기업과 사회의 지속가능성, 지속가능한 발전, 지속가능경영에 대한 논의가 활발하게 이뤄지고 있다. 지속가능성(Sustainability)이란 생태계가 미래에도 유지 가능한 정도를 의미하는 용어로서 1972년 로마클럽이 '성장의 한계(The Limits to Growth)'란 보고서에서 언급된 이후 인간활동, 경제나 경영, 기후와 환경, 국가정책 등에 광범위하게 사용되기 시작하였다. 지속가능성의 확보를 위해 인류는 자연이 허용하는 한계 범위를 고려하여 삶의 질 향상을 도모해야 한다. 지속가능성의 개념 확산과 함께 인간과 자연의 공생, 개발과 보전의 조화, 세대 간 형평성을 추구하게 되었고, 기업 경영에도 사회적 책임(CSR)의 필요성이 확산되었다.

이후 '지속가능한 발전(Sustainable Development)'이라는 용어를 처음 공식적으로 개념화하여 정의한 것은 1987년 UN의 '세계 환경 개발위원회(WCED: World Commission on Environment and Development)'가 발표한 브룬트란트 보고서 '우리 공동의 미래(Our Common Future)'이다. 지속가능한 발전은 미래세대의 필요를 충족시킬 수 있는 능력을 저해하지 않으면서 현 세대의 요구를 충족시키는 발전을 의미한다. 즉 인간과 자원의 공생, 개발과 보전의 조화, 현세대와 미래세대 간의 형평을 추구하는 발전을 도모하는 것이다.

'지속가능경영(Sustainable Management)'은 지속가능한 발전의 개념을 기업 경영에 응용한 것이다. 세계지속가능발전 기업협의회(WBCSD: World Business Council for Sustainable Development)에서는 지속가능경영을 "기업의 직원, 직원의 가족, 지역사회 및 사회 전반을 위한 삶의 질을 개선하며, 이들과 함께 지속가능한 경제발전을 위해 실행하는 기업의 노력"이라고 정의하였으며, 지속가능발전을 위한 기업의 선도적 역할을 강조하였다.

즉 기업에게 있어 지속가능경영은 경제적 · 환경적 · 사회적 영향을 종합적으로 균형 있게 고려하면서 기업의 지속가능성을 추구하는 경영활동을 의미한다. 그림에서 보는 바와 같이 경제, 환경, 사회가 지속가능경영의 세 가지 축을 구성하며, 이 세 가지 축이 조화롭게 균형을 이룰 때 기업의 지속가능성은 달성될 수 있다(Savitz and Weber, 2006).

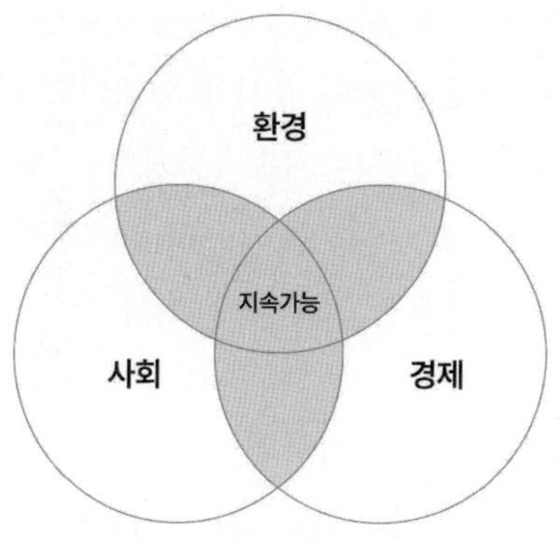

그림 18 지속가능경영의 세 가지 축

2. 지속가능경영의 발전 단계

과거에는 기업이 매출, 이익 등 경제적 성과의 창출에만 힘을 쏟았지만, 앞으로는 기업의 지속가능한 발전을 위해서 지속가능경영이 반드시 필요하다는 주장이 대두되고 있다. 이러한 주장은 기후 온난화 등으로 전 세계적인 환경규제가 강화되고, 이해관계자들의 기업의 사회적 책임에 대한 요구가 증가하는 상황에서 기업이 경제적 가치와 함께 환경보전 및 사회적 책임 완수를 통해 환경적 성과와 사회적 성과를 창출하지 않고는 발전은 고사하고 존립조차도 어렵다는 인식에 기반을 두고 있다.

기업은 이익 창출과 함께 사회 복지, 환경보호를 실천하기 위해 지속가능경영의 수준을 발전시켜 왔는데, 지속가능경영은 기업의 평판을 제고하고 사업 기회를 제공해 줄 수 있다는 의견이 지배적이다. 아래는 지속가능경영의 발전 단계를 보여준다. 초기에는 지속가능성과 관련한 규제가 강화되고 거래 조건 시 지속가능성 관련 인증이 요구되기 시작하면서, 기업들이 지속가능경영을 위험 및 손실을 최소화하기 위한 방안으로 인식하기 시작하였다. 그리고 기업들은 직/간접적인 규제 파악 및 대응 등을 통해 손실을 최소화하고, 인증획득을 통해 판로획득을 도모하는 데 집중하였다. 하지만 점차적으로 NGO 및 여론의 감시가 확대되고 기업정보 공개에 대한 요구가 강화되면서 기업들은 지속가능경영을 평판 제고를 위한 투자로 인식하기 시작했으며, 이를 통해 이해관계자의 부정적 인식과 공격을 회피하고 기업 이미지를 개선하기 위한 노력을 기울였다.

또한 가장 최근에는 자원 희소성 및 위기 증가에 따른 고객인식 및 구매행동의 변화가 나타남에 따라 기업들은 지속가능경영을 사업 다각화를 위한 기회로 인식하고, 이를 통해 브랜드 차별화 및 신시장 진출을 도모하고 있다. 즉 지속가능경영을 외부환경의 변화 속에서 안정적인 성과를 창출하기 위한 기회로 인식하고 이를 보다 적극적으로 실천하기 위한 노력을 배가하는 중이다. 예로 1973년에 설립된 미국의 파타고니아는 환경보호에 관한 경영철학에 기초하여 옷을 만들 때 환경이 파괴된다는 사실을 대중에게 공개하였고, 꼭 옷이 필요한지 생각한 후 구매해 달라는 독특한 광고를 실시하는 등 경제적 가치와 사회적 가치를 함께 고려하는 소비자들의 이해관계를 충족시키는 기업운영 방식을 통해 경제적 측면과 사회적 측면 모두에서 성공한 모범적인 기업으로 평가받고 있다.

	리스크 및 손실 최소화 Responsive	**명성 및 평판 제고** Active	**사업적 가치 창출** Creative
1 **개념**	**Liability** 기업에 주어진 의무	**Investment** 평판 제고를 위한 투자	**Opportunity** 사업 다각화를 위한 기회
2 **배경**	• 지속가능성 규제 강화 • 거래 조건시 관련 인증 요구	• NGO 및 여론의 감시 확대 • 기업 정보에 대한 전방위 노출	• 고객인식 및 구매행동 변화 • 자원 희소성 및 자연 위기 증가
3 **활동**	• 직/간접 규제 파악 및 대응 • 지속가능성 분야 인증 취득	• 이해관계자 대응체계 구축 • 지속가능성 제도/시스템 개선	• 제품 및 서비스 차별화와 연계 • 프로세스 혁신 등 솔루션 개발
4 **효과**	• 규제 회피 및 **손실 최소화** • 인증 취득을 통한 **판로 확보**	• 이해관계자 **공격 회피** • 기업 **이미지 개선**	• 브랜드 차별화 및 **신시장 진출** • **프로세스 효율성** 제고

그림 19 지속가능경영의 발전 단계

3. 지속가능경영 활동

지속가능경영의 필요성이 강조되면서, 기업들은 이를 위한 다양한 활동을 전개하고 있다. 1995년에는 '세계 지속가능발전기업협의회(WBCSD)'가 발족되었고, 포춘지 선정 250대 기업 대다수가 매년 '지속가능성 보고서'를 발간하고 있다. 우리나라에서도 2002년에 '지속가능발전기업협의회(KBCSD)'가 발족되었고 2003년부터 많은 기업들이 지속가능성 보고서를 발간하고 있다.

지속가능성 보고서는 기업의 지속가능성이 얼마나 높은지를 보여주는 보고서로 경제, 환경, 사회의 세 가지 축을 포함한 기업의 지속가능경영 비전 및 전략, 프로그램 및 성과에 대한 내용들을 포함하는 보고서이다. 또한 회계보고서에는 포함되어 있지 않은 환경 리스크, 사회적 리스크, 관리능력, 수익창출 기회 등 비재무 정보를 포함하고 있어 기업의 가치평가에도 활용되고 있다.

삼성경제연구소(2012)는 15개 글로벌 기업의 지속가능경영 활동들을 분석하고 여섯 가지 트렌드를 도출하였는데, 이를 요약하면 다음과 같다. 첫째, 환경, 건강, 안전을 단순한 의무사항이 아닌 사업 변신의 기회, 신사업 및 성장 동력으로 활용한다. 즉, 기업이 환경, 건강, 안전을 핵심가치로 추구하여 기업을 둘러싼 다양한 이해관계자들의 삶의 향상을 도모하며, 이를 새로운 사업과 변신의 기회로 활용하는 것이다. 둘째, 저소득층, 개발도상국에서 사용할 수 있는 제품과 서비스를 개발하여 제품 및 서비스의 접근성을 높인다. 제품 및 서비스의 접근성 향상은 기업에게는 신규고객 창출 및 신시장 확보 등을 통한 새로운 사업 기회를 제공해주고, 더불어 사회적 약자의 효용을 높여 사회 전체의 후생을 증가시켜준다. 셋째, 건전한 기업생태계 조성이 기업의 경쟁력이라는 인식하에 협력사와의 유기적인 연결과 협력체계를 구축한다. 협력사와의 유기적인 연결과 협력체계 구축은 사회적 성과를 향상시켜 줄 뿐만 아니라 기업의 장기적인 운영능력을 강화한다. 넷째, 지역사회와 함께 지속가능한 선순환 수익모델을 창출하여 지역 발전에 기여한다. 지역사회의 발전은 기업에게 양질의 물리적 자원을 확보할 수 있게 해주고 지역사회와 우호적 관계를 형성할 수 있게 해준다. 다섯째, 종업원들의 삶의 질 향상을 통해 내부고객 만족도를 제고한다. 종업원의 만족도 향상은 기업의 성과 향상으로 연결되며, 내부고객 만족도 제고를 통해 사회공헌에도 기여한다. 여섯째, 기업 위주의 사회공헌 활동에서 벗어나 종업원, 고객 등 이해관계자의 사회공헌 참여를 유도한다. 사회공헌 활동을 통해 기업의 평판도가 상승하고, 여러 가지 사회문제들이 해소될 수 있으며 고객과 사회의 사회공헌 욕구가 충족될 수 있다.

종합해 보면, 기업의 지속가능경영 활동들이 기업뿐만 아니라 기업을 둘러싼 다양한 이해관계자에게도 여러 가지 혜택을 제공하고 있음을 알 수 있다.

제 7장

이해관계자 관점의 경영

제1절 | 주요 내부 이해관계자와 경영

현대사회에서의 기업은 경영활동을 수행하는 과정에서 직·간접적 관계를 맺고 있는 이해관계자들과 서로의 생존과 발전을 위해 우호적인 협력관계를 형성해야 한다. 하지만 현실에서는 많은 경우 오히려 대립관계를 형성하여 갈등을 초래하기도 하는데, 이해관계자들 중 대표적인 기업 내부 이해관계자로는 주주와 종업원이 있고, 외부 이해관계자로는 소비자와 정부가 있다.

1. 주주

1.1 주주의 정의

현대사회의 가장 일반적인 기업의 형태인 주식회사는 주식발행을 통해 자본금을 마련하는데, 주식회사가 발행한 주식을 매입하여 법적 소유자가 된 법인 또는 개인을 주주라고 한다. 주주들이 주식을 보유하는 목적은 크게 경제적 목적, 사회적 목적, 혼합적 목적으로 구분하여 설명될 수 있다. 경제적 목적은 주식 보유를 통해 배당소득 및 자본이득과 같은 수익을 얻기 위한 목적이다. 반면, 사회적 목적은 주식 보유를 통해 기업이 사회적 책임과 윤리경영을 실천하도록 하기 위한 목적이다. 혼합적 목적은 주식 보유를 통해 경제적 목적과 사회적 목적의 달성을 함께 추구하는 목적이다. 일부 학자들은 사회적 책임을 완수하는 기업에 투자하는 것이 더 높은 수익을 얻을 수 있는 방법이라고 주장한다. 그 이유는 사회적 책임을 성실히 수행하는 기업이 지속 가능하고 장기적으로 더 나은 성과를 창출할 수 있기 때문이다.

1.2 주주의 권리와 의무

주주가 갖는 권리는 다음과 같다. 첫째, 주주는 주식회사의 경영에 참가할 수 있는 권리를 갖는다. 이 권리는 경영에 직접적으로 참여하는 것을 의미하기보다 주주총회에 참석하여 중요한 의사결정에 대한 의결권을 행사할 수 있는 권리를 의미한다. 둘째, 주주는 보유한 주식 수에 따라 배당을 받을 권리가 있다. 매 회계 연도의 주식회사 매출액에서 경영활동에 드는 비용을 차감한 금액인 당기순이익이 주주의 몫인데, 이중 일부는 유보이익의 형태로 기업 내부에 적립되고, 나머지는 주주에게 배당으로 분배된다. 셋째, 주주는 출자한 주식회사가 파산한 경우, 출자 비중에 따라 잔여재산을 분배받을 수 있는 권리가 있다. 여기서 잔여 재산이란 채권자의 채무, 종업원의 급여 등에 대한 지급의무를 모두 이행하고 남는 금액을 의미한다. 넷째, 주주는 신주를 받을 수 있는 권리가 있다. 주식회사는 신규 투자 등으로 추가적인 자금을 필요로 할 때 신주를 발행하여 자금을 조달할 수 있다. 이때 발행되는 신주의 일부는 주주에게 할당된다. 신주는 시장가격보다 낮은 가격에 발행되는 것이 일반적이며, 이 경우 주주는 신주 인수를 통해 발행가격과 시장가격과의 차액을 이익으로 얻을 수 있다.

반면 주주는 인수한 주식에 대한 대금을 납입해야 하는 출자의 의무를 가지고 있다. 회사의 채무나 회사가 끼친 손해에 대해 무한책임을 지는 개인기업의 출자자와 달리 주식회사의 주주는 자신이 출자한 금액 내에서만 유한한 책임을 진다.

2. 종업원과 노동조합

2.1 기업과 종업원의 관계

종업원은 자신이 갖고 있는 노동력을 기업에 제공하고, 기업은 제공된

노동력에 대한 대가를 종업원에게 지불한다. 종업원은 기업의 중요한 자원 중의 하나인 인적자원에 해당된다. 아무리 물적자원과 재무자원이 풍부하더라도, 양질의 인적자원을 보유하지 못하면 기업은 발전할 수 없다. 따라서 기업들은 우수한 종업원을 채용하고자 하고, 교육훈련 시키고, 제대로 역량을 발휘하도록 동기를 부여하는 성과보상시스템을 갖추려고 노력하는데, 이와 같은 일련의 과정을 인적자원관리라고 한다.

2.2 노동조합과 단체교섭

노동조합은 종업원의 근로조건 유지 및 개선과 경제적 및 사회적 지위 향상을 도모하기 위해 설립된 단체이다. 노동조합의 대표자는 임금, 복지후생, 고용 조정 등에 대해 사용자 단체와 교섭하고 단체협약을 체결하는데, 현실에서는 노동조합과 기업의 이해관계가 상충되는 경우가 종종 발생한다. 노동조합은 더 나은 근로조건을 종업원들에게 제공해 줄 것을 기업에 요구한다. 하지만 기업 입장에서 지나친 임금의 상승이나 복리후생의 제공은 원가 상승을 초래하여 기업의 경쟁력을 약화시키는 요인이 될 수 있다.

노동조합과 사용자 단체 간의 단체교섭 또는 협약이 원만히 타결되지 않으면 파업 등의 노사분규가 발생할 수 있는데, 노사분규가 심화되면 기업은 직장 폐쇄 등의 조치로 맞서기도 한다. 하지만 이와 같은 과정에서 종업원들과의 우호적인 관계가 깨지고 기업에 대한 신뢰와 대내외적인 이미지가 악화될 수 있으므로 주의가 필요하다.

2.3. 종업원 지지확보 방안

2.3.1 우리사주제도

우리사주제도는 종업원들이 자신이 근무하는 회사의 주식(이하 자사주)을 취득 보유하게 하는 종업원주식소유제도(ESOP: Employee Stock Ownership Plan)를 말한다. 1958년 10월 유한양행이 근로자의 복지 향상과 노사 협력을 목적으로 근로자에게 자사주를 지급한 것이 우리나라에서 우리사주제도를 시행한 최초의 사례이다. 이 회사는 간부들에게는 공로주를 주고, 사원들에게는 희망자에 한해 자사주를 매입하도록 했으며, 주식매입 대금을 상여금에서 공제하였다. 이후 몇몇 기업에서 단편적으로 유한양행과 유사한 제도를 실시한 바 있다.

우리사주제도를 통해 기업과 종업원들은 여러 가지 효과를 기대할 수 있다. 첫째, 종업원들은 자사주를 보유함으로써 근로소득 이외의 소득을 얻을 수 있다. 구체적으로 종업원들은 주주로서 배당소득을 얻을 수 있으며, 주가 상승 시에는 자본이득을 얻을 수 있다. 둘째, 기업은 우리사주제도를 통해 경영투명성 제고, 종업원들의 애사심 고취 및 노사협력 증진의 효과를 기대할 수 있다. 종업원들이 주주로서 주주총회에서 각종 의사표시를 하고 장부열람권 행사 등을 통해 내부 감시자로서 역할을 함에 따라 기업경영의 투명성이 제고될 수 있다. 또한 종업원들이 주주로서 주인의식을 갖도록 하여 애사심을 고취할 수 있으며, 종업원과 경영진 간의 수평적 의사소통이 가능해져 노사 협력이 강화될 수 있다.

2.3.2 스톡옵션제도

스톡옵션제도는 기업의 설립, 경영 및 기술혁신에 기여했거나 기여할 능력을 갖춘 임원이나 종업원들에게 자사주를 일정기간 내에 미리 정한 가격으로 매입할 수 있는 권리를 부여하는 인센티브 제도이다. 스톡옵션을 받은 임원이나 종업원은 자사주가 상장되어 매입 당시 가격보다 높은 가격에 주가가 형성되면 스톡옵션을 행사하여 주식을 매입한 후, 다시 매각하여 차익을 얻을 수 있다.

스톡옵션제도는 우리사주제도와는 차이가 있다. 우리사주제도는 종업원들에게 주식을 비교적 싼 가격에 파는 제도이다. 반면, 스톡옵션제도는 미래에 미리 정한 가격으로 주식을 살 수 있는 권리를 부여하는 제도이다. 스톡옵션은 주가가 상승할 때는 가치를 제공해 줄 수 있지만, 주가가 하락할 때는 가치가 없어지는 특성을 가지고 있다. 따라서 스톡옵션을 받은 종업원들은 기업의 주가를 높이려는 노력을 하게 된다.

기업은 스톡옵션제도를 도입함으로써 다음과 같은 효과를 기대할 수 있다. 첫째, 적은 비용으로 유능한 인재를 확보할 수 있다. 일반적으로 스톡옵션제도는 기술력과 아이디어는 뛰어나지만 자본이 부족한 벤처기업에서 유능한 인재를 확보하기 위한 수단으로 활용되고 있다. 둘째, 종업원이 주주가 되도록 함으로써 종업원의 주인의식 및 근로의욕을 고취할 수 있다. 셋째, 스톡옵션제도 하에서는 주식시장에서 결정되는 주가라는 객관적인 기준에 의해 평가와 보상이 이루어지므로 성과보상체계를 객관화하는 효과를 기대할 수 있다.

제2절 | 주요 외부 이해관계자와 경영

1. 소비자

1.1 기업과 소비자의 관계

소비자(Consumer)는 구매의사와 구매력을 가지고 기업이 생산한 제품이나 서비스를 구매하는 소비주체로서 기업으로부터 양질의 제품과 서비스를 저렴한 가격으로 공급받을 수 있기를 기대한다. 반면 기업에게 제품과 서비스 제공의 대가를 지불하여 기업이 지속적으로 생존하고 성장할 수 있는 수익창출의 원천을 제공한다. 따라서 소비자는 기업의 지속가능성 확보를 위한 가장 기본적인 토대를 제공해 주는 이해관계자인 것이다.

사실 오늘날과 같은 대량생산 체제가 본격적으로 도입되기 이전의 기업과 소비자의 관계는 생산자 중심의 시장이었다. 당시 기업들의 생산능력은 제한되어 있었던 반면 제품에 대한 수요는 매우 많았기 때문에 "무한한 시장에서 생산을 많이 할수록 좋다."는 것이 기업운영에 있어 일반적인 믿음이었다. 따라서 경영목표도 생산성 향상에 초점이 맞춰졌고, 기업활동에 있어 소비자들의 중요성은 현재와 달리 상대적으로 낮았다고 할 수 있다.

하지만 대량생산으로 인한 공급과잉과 경쟁이 심화되면서 시장이 공급자 중심에서 구매자 중심으로 전환된 이후, 소비자들의 상대적인 위상은 보다 높아지게 되었다. 기업들은 정부의 규제와 함께 치열한 경쟁 환경하에서 지속적인 성장을 위해 변화하는 소비자 욕구를 충족하기 위한 끊임없는 노력을 요구받게 되었다. 그만큼 지속가능성 확보를 위한 소비자들의 중요성이 빠르게 강화되어 온 것이다.

소비자는 기업들의 제품 및 서비스의 생산량과 가격에 대한 영향을 통해 개별기업의 성장과 발전에 중대한 영향을 미칠 뿐만 아니라, 국가경제적인 측면에서도 중요한 의미를 지닌다. 이는 소비자들의 구매결정이 기업들의 제품과 서비스 생산량과 가격결정에 중대한 영향을 미쳐 결국 국가의 경제성장, 물가수준, 고용 및 자원배분에도 영향을 미치기 때문이다.

1.2 소비자 문제와 개선방안

1.2.1 소비자 문제

기업과 소비자 간의 문제는 많은 경우 소비자의 불만족으로 인해 발생된다. 소비자는 제품이나 서비스의 구매 시 높은 효용과 만족도를 기대한다.

하지만 기업이 이러한 소비자 욕구에 부응하지 못할 경우 소비자들의 불만이 높아지는데, 특히 제품 품질, 가격, 광고 및 포장과 관련한 문제들은 기업에 대한 소비자들의 불만을 고조시키고 이미지 악화를 초래하여 기업 생존의 중대한 위협요인으로 작용할 수 있다.

▮ 제품 품질 문제

제품의 품질 및 성능이 기업이 제시한 내용과 다르거나 소비자의 기대수준에 미치지 못해 발생될 수 있는 문제이다. 또한 기술적인 복잡성으로 인한 사용상의 어려움, 인체에 직접적인 영향을 미치는 제품의 안정성 문제도 제품과 관련한 소비자 문제를 발생시킬 수 있는 주요 원인이다.

▮ 가격 문제

기업이 제품의 원가뿐만 아니라 경영의 비효율성에서 초래된 비용까지도 가격에 포함시킬 경우 가격과 관련한 소비자 문제의 발생 가능성은 높아진다. 또한 기능과 품질의 향상 없이 상품명을 변경하여 신제품을 출시하는 등의 편법적인 가격인상, 시장에서의 독과점적 지위를 남용한 담합과 가격결정도 가격에 대한 소비자 문제를 발생시킬 수 있는 주요 원인이다.

▮ 광고 및 포장 문제

제품에 대한 정보전달에 도움이 되지 않는 허위과장광고, 경쟁사 제품과의 근거 없는 비교 광고는 광고와 관련한 소비자 문제의 발생 가능성을 높인다. 또한 최근 환경에 대한 소비자들의 관심증가에 따라 과도한 포장으로 인한 자원낭비도 소비자 문제를 발생시킬 수 있는 주요한 원인으로 지적되고 있다.

1.2.2 개선방안

소비자 문제는 사회 전체적인 문제이며 기업의 입장에서도 소비자 문제의 해결이 곧 사회적 정당성을 획득하기 위한 필수조건이라는 인식이 확산되고 있다. 이와 같은 현상은 소비자가 단순한 기업제품과 서비스의 구매자가 아닌 기업의 생존과 성장에 중대한 영향을 미칠 수 있는 주요 이해관계자로 인식되고 있다는 반증이라 할 수 있는데, 기업들은 소비자 문제의 해결을 위해 다음과 같은 노력을 경주하고 있다.

▌소비자주권의 확립

현대사회의 기업들은 소비자주의에 입각한 활동 전개 없이 지속가능성을 확보하기 어렵다. 따라서 소비자 권리를 인식하고 그에 부응하는 정책을 수행하기 위해 노력해 왔는데, 그 대표적인 예로는 제품관련 정보제공 및 리콜(recall)제도, 소비자 제안제도, 소비자상담 전화제도, 소비자교육 프로그램의 운영 등이 포함된다.

▌소비생활의 질 향상

기업이 제공하는 제품 및 서비스의 사용을 통한 소비자의 정신적 · 물질적 생활의 질 향상은 기업들이 지향해야 하는 방향이다. 이를 위해 기업들은 제품품질혁신, 애프터서비스의 강화 등 모든 기업활동들을 대고객 기능 중심으로 운영하기 위해 노력해야 한다.

▌소비자 가치를 지향하는 경영활동

기업은 사회적 관점에서 경영활동을 수행해야 한다. 따라서 소비자 만족을 넘어 장기적인 소비자의 복리증진과 사회 전체적인 이익을 고려하는 경영활동을 실행하고 있는데, 그 대표적인 예로는 환경보호를 고려한 그린마케팅(Green Marketing), 부족한 자원을 재활용하는 리사이클링(recycling), 노년층을 대상으로 하는 실버시장 진출 등 기업의 경제적 목표달성과 함께 사회 전체적인 이익에도 부합되는 경영활동들이 포함된다.

2. 정부

2.1 기업과 정부의 관계

정부는 기업 경영활동에 영향을 미칠 수 있는 모든 국가기관들을 포함하는 광범위한 의미이다. 정부는 기업이 국가경쟁력 강화를 통한 국민경제 발전과 사회복지 증진에 공헌하도록 다양한 정책들을 제시하고 실행하여 기업활동을 지원 또는 규제함으로써 개별기업의 생존과 성장에 중대한 영향력을 행사할 수 있다.

기업과 정부의 관계는 기업과 정부가 모두 관심을 갖는 경제적, 사회적 문제를 해결하기 위해 각각 어떤 역할과 기능을 수행하며 상호 간 영향을 미치게 되는가를 의미하는데, 이 같은 관계는 기업 생존에 영향을 미치는 중요 요인으로 인식되어 왔다. 특별히 기업과 정부의 관계에 있어 기업의 외부 이해관계자로서 정부의 영향이 중요시되어온 이유는 정부가 기업에 대하여 매우 강력하고 직접적인 영향을 행사하고 있다는 것뿐만 아니라, 다양한 여러 사회집단들의 기업에 대한 요구를 정부가 수렴하고 대변할 수 있기 때문이다. 즉 정부는 여러 이해관계자들의 요구를 수렴하고 입법화하여 이를 집행하는 사회적 기관이므로 기업이 정부와 어떤 관계에 있는지에 따라 기업과 다른 이해관계자들과의 관계도 영향을 받을 수 있다는 것이다. 사실 정부는 사회문제 해결의 주체로서 스스로가 기업에 대한 이해관계자 집단으로서 영향력을 행사하기보다는 다른 이해관계자 집단들이 각각의 이해관계를 유지하고 증진하는데 도움을 줄 수 있도록 압력을 행사하며 역할과 기능을 확대하는 것이 바람직하다는 주장이 제기되어 왔다.

기업활동에 대한 정부 영향의 범위와 정도는 고정되어 있는 것이 아니라 시대나 사회구성원들의 요구에 따라 변화된다는 특성이 있다. 예로 과거 우리나라의 경우 기업들이 정부와 밀접한 관계를 형성하며 사실상 정부의 보호하에서 성장해 온 경향이 있었으나, 최근에는 기업들의 성장과 국제교류의 활성화에 따라 정부는 최소한의 지원만을 담당하고 기업활동의 대부분을 기업 스스로 해결하고 책임지는 방향으로 관계가 재정립되고 있다.

또한 정부가 기업에 미치는 영향력은 국가의 경제발전 정도와 밀접한 관계를 나타낸다. 일반적으로 후진국 경쟁체제하에서는 정부가 기업경영에 보다 중대한 영향을 미치는 반면, 선진경제하에서의 정부는 기업활동에 상대적으로 적은 영향을 미쳐온 것을 볼 수 있다.

2.2 정부의 책임과 기업의 책임

생산을 통한 이윤창출, 고용, 사회공헌 활동 등을 포함하는 기업의 활동들이 국민 생활과 밀접한 관계를 가지고 있다는 측면에서 기업과의 관계에 있어 정부가 수행해야 하는 책임은 매우 다양하고 광범위하다. 먼저 정부는 기업의 소비자인 국민들의 욕구를 만족시키고 국민경제를 원활하게 운영하는 데 필요한 제품과 서비스를 기업들이 충분히 생산하도록 촉진하는 기능을 수행해야 한다. 또한 기업의 경제적 기능과 사회적 책임이 효율적으로 추진되고, 글로벌 경쟁시대에서 자국기업들이 국제적인 경쟁력을 갖출 수 있도록 정치 · 법률적인 환경 개선과 간접지원 방식의 기업지원 등을 추진해야 한다. 더불어 정부는 모든 기업들이 공정한 경쟁하에서 이윤을 창출하고 사회에 기여할 수 있도록 공정거래 질서의 기반을 조성하고 기업 관련 정책의 일관성을 유지해야 한다.

반면 기업은 법률과 규제의 준수, 세금의 납부, 정부사업에 대한 협력, 정부계약의 성실한 이행을 통해 정부와 상호 도움이 될 수 있는 관계를 형성하고, 더불어 다른 이해관계자들과의 관계형성에 있어서도 정부가 우호적인 영향을 미칠 수 있도록 유도해야 한다.

▮법률과 규제의 준수

기업은 정부가 수립하고 입법한 법률과 규제를 준수해야할 책임이 있다. 기업이 준수해야 하는 대표적인 법률과 규제로는 기업 설립 시에 요구되는 인허가 제도, 제품의 생산 · 검사 · 가격책정, 산업재해방지, 소비자보호, 환경오염방지, 공정경쟁의 유지 등과 관련한 규제와 법률에 이르기까지 매우 다양하다.

▮세금의 납부

기업은 기업활동 및 성과와 관련한 세금들은 물론 고객과 종업원으로부터 징수한 세금을 정부에 성실하게 납부해야 할 책임이 있다. 기업이 납부해야 하는 세금에는 소득세, 부가가치세, 물품세, 교육세 등이 포함된다.

▮정부사업에 대한 협력

정부는 국민을 대상으로 한 다양한 사업을 시행한다. 기업은 사회를 구성하는 중요 개체로서 이와 같은 정부사업에 대해 적극적으로 협력해야 할 책임이 있다. 기업의 협력을 필요로 하는 대표적인 정부사업으로는 물가상승률 억제, 고용 확대 등과 같은 경영활동과 직접적으로 연관성 있는 사업뿐만 아니라 불우이웃돕기, 수재민 구호, 체육행사 지원, 장학사업 등과 같은 복지사업들도 포함된다.

▮정부계약의 이행

도로건설, 발전소 건립 등 일부 사업부문에서는 기업이 정부를 직접적인 고객으로 하여 사업을 전개하게 되는 경우가 발생하기도 한다. 이 경우 기업은 계약에 명시된 가격, 품질, 표준 등의 조건을 성실하게 이행해야 할 책임이 있다.

2.3 정부의 지원과 규제

2.3.1 정부의 지원

기업은 다양한 기능과 역할들을 통해 국가와 사회에 기여할 수 있다. 이와 같은 기업의 기능과 역할 강화를 위하여 정부는 기업활동에 대한 지원을 실행할 수 있는데, 기업활동에 대한 정부의 지원방식들은 지원들은 직접적인 지원과 간접적인 지원방식으로 구분될 수 있다.

▮직접적인 지원

정부는 경제성장, 무역수지개선, 국가경쟁력 강화와 같은 경제목표 달성에 도움이 되는 기업활동을 유인하기 위하여 금전적 지원 또는 제도적 지원을 실행할 수 있다. 먼저 금전적 지원으로는 수출보조금과 같은 정부보조금의 지급, 저리의 수출금융과 특별대출과 같은 금융지원, 기업제품을 정부가 직접 구입해 주는 정부구매 등이 있다. 다음으로 제도적 지원으로는 연구개발 활동에 대한 조세유예 및 조세감면 실행, 수출 관련 통관서류 간소화, 수입품에 대한 높은 관세부과, 수입할당제의 실시가 있다.

▮간접적인 지원

기업활동의 활성화를 위한 간접적인 정부지원 활동으로는 자본시장의 육성을 통한 자금조달의 용이성 향상, 재무보고제도의 정비 및 시행, 금리인하를 통한 기업성장지원 등이 포함된다. 또한 기업이 직접 접근하기 어려운 해외시장의 중요정보를 해외공관이나 공공기관을 통해 입수하여 기업과 공유하는 것도 기업활동에 대한 정부의 간접지원활동에 해당된다.

2.3.2 정부의 규제

비록 기업활동에 대한 정부규제의 범위와 정도는 국가 별로 차이를 나타낼 수 있지만, 어느 국가에서도 기업은 정부규제로부터 완전하게 자유로울 수는 없다. 이는 기업활동에 대한 정부규제가 정상적이고 생산적인 기업활동을 유지, 발전시켜 사회에 기여하도록 하기 위한 필수적인 요건이기 때문이다.

정부는 사회에 대한 기업활동의 부정적 효과들을 예방하고 개선하기 위하여 다양한 규제들을 직접적 또는 간접적인 형태로 실행할 수 있다. 예로 물가인상에 영향을 미칠 수 있는 기업들의 제품가격을 관리하기 위하여 가격을 동결시키거나 상한선을 넘지 못하도록 하는 압력을 행사함으로써 물가인상 요인을 직접적으로 억제할 수도 있는 반면, 긴축정책을 통해 전체적인 통화량을 줄임으로써 물가인상 요인을 간접적으로 규제할 수도 있다.

기업활동의 부정적 효과를 방지하기 위해 정부가 실행하는 규제들은 경제적 규제와 사회적 규제로 구분하여 설명될 수 있다.

▌경제적 규제

경제적 질서의 확립을 위해 정부가 실행하는 규제로서 대기업의 독점적인 권력남용 방지를 위한 독과점 규제, 소비자와 투자자를 포함하는 이해관계자들에게 기업 제품과 활동에 대한 객관적인 정보를 충분히 제공하도록 하기 위한 규제, 국가경제발전에 필요한 유치산업 및 기업보호를 위한 규제 등이 포함된다.

▌사회적 규제

사회전체의 이익 증진에 도움을 줄 수 있는 종업원의 안전 및 보건과 관련한 복지향상, 고용평등, 소비자보호, 환경보존, 지역사회발전에 대한 기업활동의 기여와 관련한 규제 등이 포함된다.

2.3.3 정부규제의 문제점

기업활동에 대한 적절하고 공정한 정부규제는 기업은 물론 전체 사회의 균형적인 발전에 도움을 줄 수 있다 하지만 과도한 정부규제는 의도되지 않았던 부정적인 효과를 발생시킬 수 있는데, 일반적으로 우리 사회에서 가장 많이 발생되어온 대표적인 정부규제의 문제점으로는 시장기능의 약화와 독과점 가격결정으로 인한 소비자 피해가 있다.

먼저 과도한 정부규제는 정부의 규제활동 수행을 위한 지출 증가를 초래하여 물가 상승의 원인이 될 수 있을 뿐만 아니라, 규제수행에 대한 기업들의 비용부담과 이에 따른 제품가격 상승의 요인으로 작용하여 전체적인 시장기능을 약화시키는 요인으로 작용할 수 있다.

다음으로 특정 산업 부문에 대한 정부의 과도한 규제는 기업 생존의 위협요소로 작용하여 기업들이 해당 산업 부분에서의 철수하게 되는 원인이 될 수 있다. 그리고 이와 같은 기업철수는 산업 부분의 경쟁을 약화시키는 독과점 시장구조를 유발하여 결국 독과점 가격결정으로 인한 소비자 피해를 발생시킬 수 있다.

시장경제의 중요성이 강조됨에 따라 최근 기업활동에 대한 정부규제의 문제점들이 지적되고 있으며, 이에 따라 정부규제에 대한 철폐 또는 완화의 목소리가 높아지고 있다. 또한, 기업들의 성장과 정부의 재정능력 한계는 이와 같은 정부규제 완화의 목소리를 한층 더 강화하고 있는데 그 구체적인 이유는 다음과 같다.

먼저 최근 우리 사회의 기업들은 다각화와 글로벌화 등을 통해 양적성장을 달성해 왔을 뿐만 아니라, 전략적 사회공헌 활동 등을 통해 기업운영 측면에서도 높은 수준의 질적 성장을 달성해 왔다. 따라서 전체적인 사회발전에 기여할 수 있는 경제운영의 주도자 역할을 수행하는 데 필요한 역량을 높여온 기업들에게 보다 많은 자율권을 부여하고 정부는 기업의 감시자가 아닌 후견자의 역할을 수행해야 한다는 것이다.

또한 정부의 재정적 능력 한계는 정부가 과거와 같이 기업활동들에 대한 강력한 규제를 실행하는 것을 어렵게 만들고 있다. 따라서 정부는 최소한의 규제를 실행하여 기업활동에 대한 규제의 효율성을 높이는 반면, 국가안보체계 강화, 국민복지 향상 등의 영역에 역량을 집중해야 한다는 것이다.

기업활동에 대한 정부의 규제완화를 통해 기대할 수 있는 효과는 다음과 같다.

· 정부의 감시비용과 규제비용 축소
· 시장경쟁 및 효율성 회복을 통한 경기활성화, 일자리 창출, 국가경쟁력 강화
· 자유로운 경제활동과 경쟁촉진을 통한 인위적 독점장벽 제거
· 정부기관의 권력집중으로 인한 부정부패의 가능성 축소
· 정부규제의 국제적 보편성 확보

2.4 기업과 정부 간의 갈등과 개선방안

2.4.1 기업과 정부 간의 갈등

기업활동과 관련하여 정부는 기업이 국민경제 발전과 사회복지 증진에 기여할 수 있도록 활동의 수행과정에서 발생될 수 있는 다양한 사회문제들에 대하여 책임의식을 가지고 능동적으로 대처해 주기를 기대한다. 하지만 기업이 이와 같은 정부 기대에 부응하지 못할 경우 이것은 결국 정부와 기업 간의 갈등요인이 될 수 있는데, 기업과 정부 간의 갈등 요인은 일반적으로 경제적인 측면과 사회적인 측면으로 분류하여 설명될 수 있다.

▮경제적 측면의 갈등

기업이 시장경제의 경쟁 메커니즘을 왜곡시켜 시장의 기능을 저해시킴으로써 발생될 수 있는 갈등이다. 예로 독과점적 지위를 통한 가격결정과 담합, 불공정거래를 통한 경제질서 교란, 불평등한 노사관계의 형성

및 부당노동행위, 불법행위를 통한 부실경영 및 국제경쟁력 약화 등이 포함된다.

▮ 사회적 측면의 갈등

사회의 구성원으로서 기업이 이해관계자들과 직접적으로 영향을 주고받는 과정에서 발생될 수 있는 갈등이다. 이는 기업이 사회에서 발생되는 다양한 문제 해결에 보다 적극적으로 참여해줄 것을 기대하는 데서 연유될 수 있는데, 그 예로는 환경오염, 도시빈곤, 교통체증, 편중된 지역사회개발, 사회복지문제 등이 있다.

2.4.2 개선방안

정부는 기업들의 활동과 관련하여 성공을 촉진하는 기회요인들은 물론 실패를 초래하는 위협요인들의 제공자가 될 수 있기 때문에 기업은 정부와의 지속적인 협력관계를 형성하고 유지해 나아가기 위해 노력해야 한다. 이를 위하여 기업고유의 목적뿐만 아니라 사회문제 해결에도 자발적인 의지를 가지고 참여하여 정부와의 관계를 개선해 나아가야 할 것이다.

▮ 오픈시스템(Open System)하에서의 활동 실행

자유경쟁체제의 환경하에서 기업은 다양한 사회요소들을 유기적으로 결합하여 기업목표를 달성하고 국가경제 발전에 기여할 수 있다. 따라서 사회 속에서의 기업활동은 사회라는 오픈시스템 속에 존재하는 질서를 유지하기 위해 규정된 제반규칙과 공공정책과의 갈등을 최소화하고 다양한 사회구성원들과 원만한 관계를 유지하는 체계하에서 이루어져야 한다.

▮ 사회적 가치 지향

정부와 기업 간의 갈등은 기업활동으로 인해 발생되는 다양한 사회적 문제들을 기업 스스로 해결하지 못할 때 그 해결방향을 모색하는 과정에서 발생될 수 있다. 따라서 기업은 사회적 비판에 대한 최소한의 순응이라는 소극적인 입장에서 한 걸음 더 나아가 기업활동으로 인해 야기된 사회문제들을 보다 적극적이고 능동적으로 해결함으로써 장기적 관점에서의 사회적 가치 지향과 기업이익의 도모를 추진해야 한다.

▮ 국가과제 해결을 위한 협력체계 구축

기업과 정부 간의 협력을 통해 해결해야 할 국가적인 경제문제와 사회문제들은 매우 다양하다. 예로 기초기술 및 첨단기술의 개발, 환경보존 및 공해방지 시설의 구축, 교통 및 도시의 개발, 직업교육 및 산업기술 인력의 양성, 사회간접자본의 확충 등이 향후 기업과 국가의 발전을 위해 반드시 해결되어야 할 문제들이다. 이와 같은 국가과제의 해결을 위해 기업은 정부와의 협력체계를 구축해야 할 것이다.

비시장전략

제1절 | 비시장전략의 이해

1. 정의와 필요성

기업을 둘러싸고 있는 1차적인 환경인 '시장환경'에는 '경쟁자' '고객' '협력업체' '종업원' '투자자' 등이 포함되며, 기업은 이들로부터 직간접적인 영향을 받게 된다. 하지만 기업은 이밖에도 사회를 구성하는 2차적인 환경인 정부, 규제기관, 비정부기구, 언론매체, 시민단체 등의 영향을 받게 된다. 비시장전략이란 1차적인 환경요소들이 아닌 요소들을 통해 지속가능한 경쟁우위를 창출하는 수단이라고 할 수 있다.

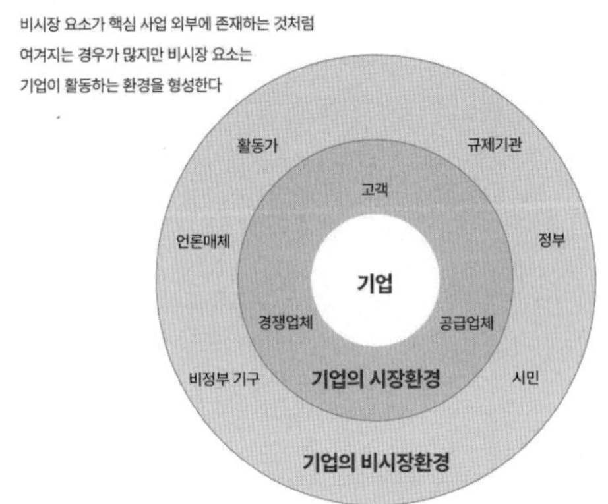

그림 20 기업의 시장 환경과 비시장 환경

※자료: "비시장전략: 여론을 만드는 CEO의 지혜", DBR 61호(2010년 7월)/ ≪MIT 슬론 매니지먼트 리뷰≫ 2010년 봄호

기업의 장기적인 성장과 생존은 단기적인 성과들이 합쳐져서 이루어지는 것은 아니기 때문에, 기업은 단기적 성과에만 집착하지 말고, 장기적인

성과를 고려해야 한다. 또한 시장은 그 자체로서 실패할 수도 있는데, 2008년 발생했던 글로벌 금융위기는 이와 같은 상황을 잘 보여준 사례라고 볼 수 있다. 매우 효율적으로 작동할 것이라고 믿었던 시장이 제대로 작동하지 않았을 때 기업들은 사회의 다양한 압력에 대응하려는 시도를 하게 된다. 구체적으로 정치적인 압력, 규제기관의 압력, 시민단체나 언론의 압력 등에 맞서 부정적인 영향을 최소화하고, 긍정적인 영향을 극대화하기 위한 체계적인 관리를 실행하는 것이다.

2. 비시장전략의 유형

비시장전략의 유형은 기업의 사업영역 및 활동과 관련하여 우호적인 규제 또는 정책 환경을 조성하기 위한 대관 업무를 포함하는 '정치 전략(Political Strategy)', 기업의 경쟁력을 확보하기 위해 사법 체계에 영향을 미치는 '법률 전략(Legal Strategy)', 언론매체들과 시민들에게 영향을 미치기 위한 '대언론 전략(Media Strategy)', 환경적인 측면과 사회적인 측면의 지속가능성을 확보하기 위한 '지속가능성 전략(Sustainability Strategy)'으로 구분될 수 있다.

2.1 정치 전략

정치 전략(Political Strategy)이라고 하는 것은 정부기관이나 개별 정치/이익단체들의 개입으로 인해 기업의 이익이 훼손되는 것을 막기 위해 실행하는 전략이다. 또한 정부기관이나 단체와의 협력관계를 형성하여 위험을 줄이고 기업의 계획과 목표를 원활하게 수행하여 성과를 높이기 위한 방법이라고 볼 수 있다. 정치 전략은 공적 정치영역(Public Politics) 분야에 대한 전략과 사적인 이익집단의 정치영역(Private Politics)에 대한 전략으로 구분될 수 있다. 공공의 영역에서의 대관업무 등을 포괄하는 공공 또는 공적 정치영역에 대한 전략은 합법화된 로비 등을 통해 추진할 수 있기 때문에 실행과 관리가 어렵지 않은 반면, 사적인 이익집단 정치 영역에 대한 사적 정치전략은 복잡한 이해관계 등으로 인하여 전략의 수립과 실행이 좀 더 어려울 수 있다.

2.1.1 공적 정치영역

과거 글로벌 통신기기 업체는 자사의 정치 전략과 관련하여 진입하고 있는 국가마다 국내외 기업들이 차별받지 않고 경쟁할 수 있는 경쟁의 규칙을 만들기 위해 애써왔다고 설명한 바 있다. 이와 같은 글로벌 업체 대표의 설명은 공적 정치영역에서의 정치 전략의 대표적인 사례라고 볼 수 있다. 공적 정치영역에서의 정치 전략은 각종 법률과 규칙 등이 기업에게 유리하게 만들어질 수 있도록 하기 위해 중요하다. 특별히 최첨단 기술들이 활용되는 산업 부문에서는 기업이 정부의 관료들보다 산업 부문에 대한 더 높은 수준의 지식과 정보를 보유하고 있는 경우가 많기 때문에 관료나 입법기관에서 수립하는 법률이나 규칙들이 실무적인 차원의 지식과 정보를 따라오지 못하는 경우가 발생할 수 있다. 따라서 기업들은 관료나 입법기관을 대상으로 계속적으로 정보를 제공하여 빠르게 변화되는 시장환경에 대한 이해도를 높이기 위한 노력을 기울일 필요가 있다.

예를 들어 기술에 대한 표준이 산업 부문 기업들의 경쟁우위에 중대한 영향을 미칠 수 있는 통신이나 전자 산업 부문에서는 표준화 선점 여부가 정부기관에 의해 결정될 수 있다. 한국의 2세대 이동통신에 대한 표준으로 CDMA 동기식 방식이 채택되었다가, 3세대로 넘어오면서 선도사업자는 유럽식(비동기식) W-CDMA로 빠른 전환을 추진한 반면에 다른 경쟁사들은 동기식 CDMA2000을 고집하면서 업체 간의 성과 차이가 크게 벌어졌던 사례를 생각해 볼 수 있을 것이다.

에코매지네이션 전략을 추진했던 GE사도 해당 전략을 추진하며 관련 정부기관과 입법기관의 지지를 이끌어내기 위한 노력을 기울였고, 이를 통해 각종 세제상의 혜택을 포함한 많은 이익을 볼 수 있었다. 한편 미국 사회에서 계속적인 이슈가 되고 있는 총기 사용에 대한 규제는 일련의 충격적인 사고들에도 불구하고 정부기관을 대상으로 하는 총기협회의 적극적인 로비로 인해 별다른 진전이 이뤄지지 못하고 있는 상태인데, 이는 사회적으로는 불행한 일이지만 총기협회의 입장에서 보면 정치전략을 성공적으로 실행한 결과라고 볼 수 있다.

미국 네바다주 라스베이거스에 소재한 유명한 카지노인 베네치안(The Venetian)을 소유한 억만장자 셀던 애덜슨은 2012년 미국 대통령 선거에 한화 약 1,000억 원에 달하는 정치자금을 지원했는데, 이는 인터넷을 활용한 도박의 금지와 규제를 입법화하기 위함이었다. 인터넷 도박을 금지하기 위한 법령의 입법화는 카지노 업체들에게 매우 중대한 이슈였는데, 셀던 애덜슨은 이와 같은 목적을 위해 공적 정치 전략을 적극적으로 수행했던 것이다.

한편 이 같은 공적 정치영역에서의 정치 전략 수행은 비공식적 활동을 통해서도 가능한데, 예로 기업은 사회공헌 활동을 전략적으로 활용하여 개별 정치/이익단체들의 개입으로 인해 기업의 이익이 훼손되는 것을 막을 수 있을 것이다. 구체적으로 사회공헌 활동을 수행하여 좋은 평판과 명성을 쌓아온 기업이 정치 전략의 일환으로 입법과정에서 높은 영향력을 발휘할 수 있는 정치인의 지역구에서의 활동을 강화할 수 있을 것이다. 그리고 이와 같은 활동이 해당 정치인의 관심과 요청에 의해 실행된 것이라는 정보를 지역구에 흘린다면, 해당 정치인에 대한 지역구에서의 명성과 지지도가 올라가고, 결국 기업은 보다 긍정적인 정치적인 영향의 결과를 이끌어낼 수 있을 것이다.

2.1.2 사적 정치영역

사적 정치영역에서의 정치전략이라고 하는 것은 비정부기구, NGO, 이익집단 등의 행동에 대해 어떻게 영향을 미치고 대응할 수 있는지에 대한 문제이다. 앞서 언급했던 것처럼 공시적인 로비활동, 공식적 또는 비공식적인 대관업무를 통해서 기업에게 유리한 방향으로 규제가 설정될 수 있도록 하거나, 불리한 규제를 완화시키는 전략들에 비해 실행이 복잡하고 어려울 수 있다. 영국의 정유회사인 로열더치셸의 '브렌트 스파 플랫폼 해체 과정'은 사적 정치 영역의 실패한 정치전략의 사례라고 볼 수 있다.

1995년 로열더치셜은 북해상에 위치한 유전 플랫폼인 '브렌트 스파'를 해체하여 처리하기로 결정하였다. 이때 두 가지 방법이 제안되었는데, 첫 번째 방법은 구조물을 영국으로 가져와서 해체하여 처리하는 방법이었고, 두 번째 방법은 유전 플랫폼이 위치한 장소에서 분해해서 청소 후에 가라앉히는 것이다. 제안된 두 가지 방법 중 하나를 결정하기 위해 회사는 환경에 미치는 영향까지 고려한 비용 분석을 실행하였고, 영국 정부와의 협의를 거쳐 청소 후 북해에 가라앉히는 방안으로 최종적인 결정을 내렸다. 하지만 이와 같은 결정이 대외적으로 알려지면서 환경단체인 그린피스의 활동가들이 이를 제지하기 위한 행동을 실행하였다. 이들은 보트를 타고 기자들과 함께 브랜트 스파가 위치한 지역으로 접근했는데, 로열더치셸을 이들이 탄 보트에 물대포를 쏘며 해산을 종용하였다.

이와 같은 로열더치셸의 행동은 동행했던 기자들의 카메라를 통해 전 유럽에 방송되었고 격분한 유럽의 소비자들은 로열더치셸의 제품에 대한 불매운동을 시작하였다. 그 결과 로열더치셸은 다시 결정을 번복할 수밖에 없게 되었으며, 플랫폼을 영국으로 가져와 분해하고 처리해야만 했다. 반면 BP사의 사례는 로열더치셸의 사례와 정반대의 경우를 보여주는데, BP사는 석유시추에 반대하여 시위를 하기 위해 온 그린피스 활동가들을 선상으로 올라오게 한 뒤 자신들의 시추 활동이 환경오염에 전혀 문제가 없음을 설명하고 진심을 다해 이들을 대접하였다. 이를 통해 BP사는 그린피스와 대중들의 심각한 반대 없이 사업을 진행할 수 있었다.

2.2 법률 전략

지식재산권 전략, 소비자 보호 및 소송 방지 관련 전략, 공정거래와 관련한 법률 전략 등이 포함되는 법률 전략(Legal Strategy)은 비시장전략 중에서 가장 광범위한 영역을 가지고 있는 분야이다. 애플과 삼성 간의 지식재산권 보호를 둘러싼 전 세계적인 소송 전쟁이 법률 전략의 대표적인 사례라고 볼 수 있는데, 해당 소송을 통해 애플은 지식재산권에 대한 법률적인 보호를 확보하여 경쟁우위를 달성하겠다는 전략을 실행하고 있는 것이다.

2.2.1 지식재산권 전략

높은 초기 투자비용과 연구개발비 비중에도 불구하고 특허를 사용할 수 있는 기간이 짧은 제약산업에서는 법률 전략, 특히 지식재산권 보호 전략이 가장 중요한 분야 중 하나이다. 일반적으로 제약회사는 물질에 대한 특허를 내고 난 이후에 승인과정을 시작하기 때문에, 실제 제품에 대한 시판 승인이 나는 시점에서 물질에 대한 특허는 10년도 채 남지 않는 상황이 되는 경우가 많다. 그래서 특허를 연장하기 위한 '에버그리닝(Evergreening)'이라는 법률 전략을 활용하는 경우가 많은데, 이것은 기존의 특허에 작은 변화를 가하면서 특허를 갱신하는 전략이다. 에버그리닝 전략을 통해 회사는 복제약의 출시를 막을 수 있는 것이다.

사실 에버그리닝 전략은 제약산업뿐만 아니라 다른 첨단기술 산업, 바이오산업 등에서도 폭넓게 활용되고 있는 전략이다. 하지만 에버그리닝 전략은 해당 국가의 법적인 판단에 의해 다른 결과를 초래할 수 있다. 그 사례로 글로벌 제약업체인 노바티스가 인도에서 겪고 있는 '글리벡

특허연장에 대한 불허'의 경우를 생각해 볼 수 있다. 노바티스는 자사의 빅히트 상품인 백혈병 치료제 글리벡에 대한 특허를 에버그리닝 전략을 통해 연장하려고 시도했지만, 2013년 인도에 대법원은 이와 같은 노바티스의 시도를 인정할 수 없다는 최종적인 판결을 내렸고, 이로 인해 인도에 존재하는 많은 제약사들은 글리벡의 복제약을 생산하여 판매할 수 있게 되었다.

이와 같은 결과와 관련하여 인도 정부 당국에서 자국의 국민들이 저렴한 가격으로 복제약품을 소비할 수 있도록 하기 위한 결과였다는 해석이 있는데, 이는 법률 전략이 정치 전략과 무관하지 않으며 상호 간에 관련성이 존재할 수 있음을 보여주는 것이다. 또한 다국적기업들이 해외시장에 비시장전략을 효과적으로 실행하는 데 있어 어려움을 겪을 수 있음을 보여주기도 한다.

2.2.2 소비자 보호와 법률전략

소비자 보호에 대한 다양한 이슈들도 법률전략에서 중요하게 다뤄지고 있는 부문인데, 미국은 물론 전 세계 자동차 시장에서의 기업 순위에도 중대한 영향을 미쳤던 도요타의 품질 관련 이슈가 대표적인 사례라고 볼 수 있다. 또한 한국에서 벌어진 금융기관들의 개인정보 유출사건과 통신회사들의 개인정보 유출과 소비자 피해 사고 및 이에 따른 집단 소송 움직임 등도 소비자 보호와 관련한 법률 전략 부문의 내용이다.

소비자 보호와 관련한 법률 전략들은 이슈가 발생하기 전의 전략과 이슈가 발생한 이후의 전략으로 구분될 수 있는데, 사실 이슈 발생 이전의 전략이 더 근본적이라고 할 수 있을 것이다. 대규모 리콜 사태나 정보 유출과 관련한 사고들은 일단 이슈가 발생되고 나면 높은 수준의 보상이 불가피한 경우가 많기 때문에 이와 같은 비용을 사전에 염두에 두고 발생 확률을 최소화하기 위한 노력을 충분히 기울여야 한다. 실제로 미국의 자동차 산업 부문의 일부 기업들에서는 최고경영자가 차량의 위험성을 사전에 인지하고 있었으면서도 예상되는 높은 비용을 회피하기 위해 리콜을 실행하지 않았던 경우가 있었는데, 이 같은 사실이 언론을 통해 공개되면서 해당 기업들은 수억 달러에 달하는 엄청난 수준의 배상금을 물어야 했다.

이슈가 발생한 이후에는 중재를 통해서 해결할 것인지, 아니면 법원의 최종적인 판단을 기다릴 것인지, 중재를 통해서 해결하고자 한다면 선제적으로 제안을 할 것인지, 선제적으로 제안한다면 얼마를 보상액으로 제시할 것인지 등의 금전적 측면은 물론 평판 유지와 관련한 사항이 중요하다. 이와 관련한 좋은 사례가 현대기아차의 과장광고 사례이다. 2013년 현대기아차는 미국에서 연비를 과장하여 광고를 했던 것이 문제가 되어 구매 고객들에게 유가 차액에 대한 보상을 실행해야 하는 상황에 직면하게 되었다. 이때 현대기아차는 자사의 차를 구매한 고객이 연간 주행거리를 웹사이트에 입력하면 해당되는 유가 차액에 15%를 더해서 보상해 주기로 결정했는데, 이와 같은 결정은 추가적인 법률 제재 없이 원활한 보상 합의를 이끌어내는데 도움이 되었다.

2.2.3 공정거래, M&A 그리고 법률전략

공정거래와 관련된 법률 사항과 반독점 등과 관련된 이슈는 세계 최고 기업 중 하나인 마이크로소프트(MS)사를 변화시킨 법률 영역으로 널리 알려져 있다. MS사는 사실 비시장전략을 크게 고려하지 않았고, 기업의 사회적 책임과 환경적 책임에 대해서도 크게 고려하지 않았던 기업 중 하나였다. 하지만 1998년부터 2001년까지 지속되었던 반독점 소송에 직면하게 되면서 비시장전략의 중요성을 깨닫게 되었고, 이후 대관업무를 포함하는 정치전략의 실행을 위한 로비를 강화하고, 지속적인 반독점 여부 검토 등 법률전략 수립과 활용에 적극적으로 나서기 시작하였다.

세계 최대의 자선단체 중 하나인 빌&멜린다 게이츠 재단도 해당 시기인 2000년에 설립되었다.

공정거래와 관련한 법률 전략은 M&A를 통한 성장전략을 추진하는 기업들에게 있어서는 매우 중요한 전략이다. 미국의 사무용품 유통 및 판매 산업 부문은 스테이플스, 오피스디포, 오피스맥스가 과점 상태로 분할하여 점유하고 있었지만 스테이플스가 오피스디포와 합병을 시도하면서 큰 변화의 기로에 서게 되었다. 하지만 이 같은 인수합병 시도는 높은 수준의 비용을 초래하였음에도 불구하고 반독점 당국의 변경된 심사기준으로 인해 결국 실패하게 되었다.

반면 맥주산업 부문에서 버드와이저를 생산하는 1위 기업인 AB인베브가 코로나를 생산하는 3등 회사인 그루포 모델로를 성공적으로 합병한 사례는 법률 전략의 대표적인 성공사례라고 볼 수 있다. 과점화된 산업 부문에서 1위 기업의 시장점유율이 39%에서 46%로 확대되는 상황에서 미국 반독점 관련 규제기관들은 애초에 합병에 대한 부정적인 의견을 제시하였다. 그러나 치밀한 법률적 검토를 실행하고, 분석결과에 기초하여 계열사와 일부 자산 등을 처분한 AB인베브는 독점에 대한 우려를 줄여 나아갔다. 그리고 이를 토대로 하여 반독점규제 기관들과의 협상을 진행하였고 결국 합병에 대한 승인을 받을 수 있었다. 유사한 관점에서 케이블 방송사인 타임워너와 컴케스트 간 합병도 시장의 독점을 심화시킬 수 있다는 우려 때문에 높은 관심을 받았던 이슈였다. 하지만 면밀한 법률적 검토와 실행전략을 통해 성사될 수 있었는데 이 합병 이슈 역시 독점으로 인한 소비자 권익 침해에 대한 시장의 우려를 어떻게 해소시키고 반독점규제 기관들과의 협상을 어떻게 유리하게 끌고 갈 수 있는지를 보여주는 사례이다.

2.3 대언론 전략(Media Strategy)

대언론 전략은 흔히 홍보부서를 통해 실행되는 전략이 전부라는 인식이 강하다. 그러나 1980년대 GM 트럭의 연료폭발과 관련한 언론의 보도에 대한 GM의 대응은 단순한 홍보를 넘어서는 대언론 전략이 어떻게 실행될 수 있는지를 보여주는 좋은 사례이다. 당시 GM의 특정 트럭 모델의 연료 탱크가 차량 외부에 노출이 되어 있어 사고 시 폭발할 수 있다는 우려가 있었다. 그리고 이와 관련하여 대표적인 방송사였던 NBC에서는 자사의 탐사보도 프로그램을 통해 실제 폭발에 관한 실험을 진행했는데, 해당 실험에서 승용차가 GM의 트럭 옆면을 들이받는 순간 트럭이 폭발하는 장면이 전국으로 방송되었다.

GM은 이 같은 실험과 방송내용을 무조건적인 인정하기보다 적극적으로 대응하는 방법을 선택하였고, 실험이 어떻게 진행되었는지를 확인하기 위한 탐문조사를 실시하였다. 그리고 조사결과 실험이 이루어진 인디애나 주 벌판에서 폭발 장면을 단 2회의 실험으로 만들어내기 위해 기자가 폭약 전문가를 고용해 폭발의 모습을 인위적으로 만들었다는 사실을 알게 되었고, 이를 공식적인 기자회견을 통해 공개하였다. 처음 방송이 송출된지 3개월이 지난 시점이었기 때문에 이와 같은 기자회견이 다시 소비자들에게 '폭발'을 상기시킬 수도 있다는 우려도 있었지만, GM은 이를 위기를 탈출하기 위한 적극적인 기회로 활용했고 그 결과 NBC는 보도 담당 사장이 해임되는 등 크나큰 후폭풍에 직면해야 했다.

반면 언론의 보도에 대해 잘못된 방향으로 대응하여 크나큰 피해를 보게 되었던 경우도 있는데, 바로 2010년 벌어진 도요타 렉서스의 리콜사태이다. 당시 미국 상원의 청문회에서 교통부 장관은 정확하게 확인된 것은 아니지만 우려가 있기 때문에 도요타 자동차의 이상 여부에 대해 전문가인 딜러에게 찾아가 문의하고 확인할 필요가 있다는 취지의 발언을 했다. 그리고 언론에서는 이 같은 발언을 과장하여 도요타 소유자들에게 조치 없이 도요타 차량을 운행하는 것은 매우 위험할 수 있다는 뉴스를 반복해서 송출했는데, 경쟁사들은 이를 자사의 시장점유율을 높이기 위한 기회로 활용하였다. 하지만 이 같은 위기 상황에서 도요타는 선제적인 '사죄와 자중'으로 일관하여 더 큰 손해를 입었는데, 당시 경쟁업체들이 동영상 클립을 사이트에 퍼뜨린 것은 그들 입장에서는 비시장전략의 하나였다고 볼 수 있을 것이다.

2.4 지속가능성 전략(Sustainability Strategy)

지속가능성 전략은 크게 환경 측면에서의 지속가능성 전략과 운영 측면에서의 지속가능성 전략으로 구분하여 살펴볼 수 있다. 첫째 환경 측면에서의 지속가능성 전략은 그동안 여러 기업에 의해서 추진되어 왔으며, GE와 같은 선도적인 기업에서는 전체 기업 차원의 총체적 전략으로 추진하기도 한 부문이다. 따라서 많은 기업들이 그 중요성을 이해하고 있고 전략 수립 및 실행 방법에 대해서도 구체적인 방안을 갖고 있는 경우가 많은데, 에너지 소비를 줄이고 친환경 제품을 개발하는 등의 전략이 대표적이다.

P&G 등 소비재 산업 부문의 기업들은 샴푸 용기 등을 생산하는 과정에서 어떻게 하면 플라스틱 소재를 적게 쓸 수 있을지를 고민하고 있다. 또한 신재생에너지와 관련한 투자를 증대시키고 활용방안을 고민하는 기업도 늘어나고 있다, 환경 측면에서의 지속가능성 전략을 수립하고 실행하는 과정에서 혁신을 실행하는 기업도 있는데, 그 예가 핀란드 항공사 핀에어(Finnair)이다. 핀에어는 '지속강하방식'을 개발하여 연료소모를 절감했는데, 이 방식은 환경 측면의 지속가능성 전략을 고민하던 과정에서 고안해낸 혁신이었다. 헬싱키 공항에서의 착륙 절차는 2,300m 고도에서 공항 40km 근방까지 접근한 후 1,000m 고도까지 하강해 비행하다가 착륙 지점에서 지상 거리로 16km 떨어진 지점부터 활주로와 3도 각도를 유지하

면서 착륙하는 것이었다.

하지만 이와 같은 방식은 높은 연료 소모와 시장에서의 소음 피해를 유발하는 원인이 되었다. 그리고 항법 장치가 발달하면서 훨씬 높은 고도에서부터 3도 각도를 유지하면서 착륙하는 것이 기술적으로 가능해졌는데, 핀에어는 이를 선제적으로 도입하여 혁신을 이뤄낼 수 있었다. 이 혁신을 통해 에어 버스 300기종에서 1회 착륙 시 약 200~300kg의 제트 연료를 절감할 수 있었고, 640~960kg에 달하는 이산화탄소의 배출을 절감하여 환경 측면의 지속가능성을 강화할 수 있었던 것이다. 탄소배출권 거래를 통하여 추가적인 수익을 얻을 수 있었던 핀에어의 혁신 사례는 기업이 환경적 측면에서의 비시장전략을 시장전략에 접목시킬 경우 추가적인 재무성과를 달성할 수 있음을 보여주는 좋은 사례이다.

운영 측면에서의 지속가능성 전략은 다양한 이해관계자들과 평화롭게 장기적인 공동의 이익을 추구하면서 지속가능한 동반성장을 추구하는 전략이다. 환경 측면에서의 지속가능성 전략과 비교할 때 운영 측면에서의 지속가능성 전략은 이해관계자들과의 관계에서 협상력을 이용해 단기적으로 그들의 이익을 침해하게 되는 유혹을 버려야 하기 때문에 좀 더 어렵고 복잡한 문제라고 볼 수 있다. 이와 관련하여 방글라데시 라나플라자(Rana Plaza)의 붕괴사고에서 의류업체들이 보여줬던 차별적인 행동양식은 장기적으로 지속가능한 운영 전략을 갖고 있는 기업과 그렇지 못한 기업 간의 차이를 명확하게 잘 드러낸 사례라고 볼 수 있다.

세계적인 의류 생산기지인 방글라데시의 대규모 하청업체 공장인 라나플라자 붕괴사고로 100명 이상의 사망자가 발생했을 때 일부 업체들은 라나플라자 건물의 화재 및 붕괴사고와 관련성이 없다는 주장을 하며 발뺌하려고 하였다. 라나플라자에서는 먼저 화재가 발생하였고, 화재 이후 건물의 붕괴위험에도 불구하고 고용주들은 생산직 여직원들에게 출근을 강요하고 있는 상황이었다. 그리고 붕괴위험으로 인한 걱정에도 불구하고 가족들의 생계를 책임지기 위해 출근해야 했던 젊은 직원들 중 상당수가 결국 사고로 사망하게 되었다.

이 사고는 하청업체들은 물론 그와 같은 상황에서도 하청업체들이 직원들을 출근시켜 공장을 돌리도록 만들었던 원청업체, 즉 메이저 의류회사 들에게도 책임이 있는 사고였다. 따라서 운영 측면의 지속가능성 전략의 관점에서 자사의 책임을 인정하며 피해자들의 가족에게 피해 보상을 실시하고, 협력업체들의 근로조건을 개선하기 위한 기준을 만들고자 노력했던 자라(Zara)나 에이치앤엠(H&M) 같은 의류업체들은 여론의 비난을 적게 받을 수 있었다. 하지만 비시장전략에 대한 이해와 경험이 부족했던 한국 기업들의 경우 책임을 회피하는 대응을 하여 여론의 더 큰 비난을 받는 아쉬움을 남겼다.

제2절 | 시장전략과 비시장전략의 통합

1. CSR, 비시장전략 그리고 통합전략

기업의 사회적 책임(CSR)과 관련한 활동들이 비시장전략의 범주 안에 포함될 수 있는지에 대해서는 학자와 실무자들마다 조금씩 다른 의견을 제시하고 있다. 기업의 사회적 책임과 윤리경영을 별개로 분류하지만 비시장전략과 함께 추구해야 한다고 주장하는 이들도 있고, 시장전략과 비시장전략을 통합된 하나의 전략으로 여기고 기업의 사회적 책임활동도 이와 같은 통합된 전략의 일부분으로 간주해야 한다고 주장하는 학자와 실무자들도 있다.

마이클 포터 교수가 주창한 공유가치창출(CSV: Creating Shared Value)도 2차적인 환경 부문에서 경쟁우위를 만들어 간다는 측면에서 기업의 전략범위를 비시장 영역으로 확장한 관점이라고 할 수 있다. 다만 공유가치창출을 위한 활동들은 가치의 창출이 핵심이기 때문에 창출한 가치를 나누고 위험을 관리하는 활동이 핵심이 되는 비시장전략과는 차별성이 있다고 볼 수 있다.

협의에서 기업의 사회적 책임을 단지 기업의 사회공헌 활동으로 간주하는 경우도 있지만, 현대사회에서 기업의 사회적책임은 기업활동에 수반되는 경제적 · 법적 · 윤리적 · 자선적 책임들을 모두 포괄한다. 이와 같은 광의의 개념에 의하면 기업의 사회적 책임은 기업의 모든 활동 영역 즉, 협력업체와의 공생적인 발전관계, 종업원과의 협력관계, 주주와의 우호적인 관계, 소비자와의 관계, 자연환경, 정부와의 관계 등 시장적 요소 및 비시장적 요소들과 연결되어 있다. 기업의 의사결정 과정에서 다양한 시장, 사회, 정치적인 요소들을 고려해야 한다는 측면에서 비시장전략과 전략적 사회책임활동은 중복되는 부분이 있다. 비시장전략과 전략적 사회책임활동의 중요한 차이는 첫째, 사회책임활동이 이해관계자를 분석의 단위로 하고 있는 반면 비시장전략은 각 이슈를 분석의 단위로 하고 있다는 것, 둘째, CSR이 좀 더 윤리적이고 당위적인 측면에 초점을 맞추고 있다면, 비시장전략에서는 시장 외적인 요소들을 '경쟁우위를 확보하기 위한 한 가지 방법'으로 간주하고 있다는 것이다. 따라서 접근하는 방식에서의 차이를 제외한다면 기업의 사회책임 활동 또한 시장전략과 비시장전략의 통합적 접근 차원에서 반드시 고려해야 할 부분이라고 볼 수 있다.

빠르게 변화되는 경영환경에서 시장전략, 기업의 사회적 책임, 비시장전략을 따로 분리하여 사고하는 것 자체가 무의미한 것일 수 있다. 하버드 경영대학의 데니스 야요(Dennis Yao) 교수는 "MS사에 대한 반독점규제와 소송, 월마트에 대한 중소자영업자들의 집단 반발 등 비시장적인 전략 요소들이 이들 기업의 시장전략 전체를 변화시켰다."며 시장전략과 비시장전략을 별개로 간주하는 것보다 상호 연관성을 가진 관계로 이해하는 것이 바람직하다는 주장을 제시하였다.

그림 21 시장·비시장 통합 전략

※자료: Baron, Business and Its Environment, 2009

2. 통합전략의 실행

기존에는 기업의 전략기획실이 시장전략을 담당하고, 홍보부서와 대관 업무 부서, 사회책임 부서 등이 세분화되어진 일들을 분담하여 진행해 왔다면 현대의 기업환경에서는 이들 업무 전체를 통합하여 관리할 수 있는 체계적인 과정이 필요하다. 이로 인해 비시장전략과 시장전략을 통합하여 관리할 수 있는 통합전략 부서를 만들고 해당 부서의 책임자로 하여금 기업의 전체 전략을 조율하도록 하는 방식을 생각해볼 수 있다.

물론 통합전략 부서의 책임자는 인사, 조직, 재무, 마케팅 등 기업 내부적인 운영의 메커니즘과 시장의 경쟁전략을 이해하면서도 정치, 법률, 미디어 등 시장 외부의 중요 요소들과 관련된 비시장전략에 대한 전반적인 이해도를 높일 수 있어야 한다.

마지막으로 비시장전략을 효과적으로 수립하여 실행하기 위해서는 이슈의 생명주기를 정확하게 이해하고 대처하는 것이 중요하다. 이슈는 사회의 변화에 따라 오랜 기간 동안 잠복해 있다가 특정 순간에 두드러지게 나타나 공식화되는 경향을 나타낼 수 있다. 정보 보안과 관련한 이슈가 은행의 개인정보 유출 사고와 함께 공식화되거나, 애플 하청업체의 열악한 노동 환경에 대한 이슈가 폭스콘 공장에서의 연쇄 자살로 인해 공식화되었던 사례가 이 같은 경향을 보여준다. 이와 같이 이슈가 최초로 사회에 부각되기 시작했을 때 '정책 윈도우'가 개방되었다고 한다. 정책 윈도우가 개방되는 기간 중에는 다수 대중의 관심을 바탕으로 이슈에 대한 해결책이 적극적으로 논의되고 채택되어진 해결책이 법이나 규제의 형태로 제도화될 수 있는 가능성이 높다. 하지만 일정 기간이 지나고 나면 이슈는 대중의 기억 속에서 희미해지고 해결책을 찾고자 하는 노력은 차츰 사라지게 된다. 이는 이 이슈에 대한 '정책 윈도우'가 닫혔음을 의미한다. 따라서 기업들은 가까운 미래에 정책 윈도우가 열릴 수 있는 잠재적 이슈들을 선제적으로 파악하고 대비하고자 하는 노력을 강화해야 한다. 이러한 노력을 충분히 기울일 때에만 선제적인 대응 방안 제시를 통해 이슈를 주도하고, 위험을 최소화하며, 기업의 평판과 수익성을 높일 수 있다.

ESG 정의와 동향

제1절 | ESG 정의와 구성요소

1. ESG 정의

1.1 ESG란 무엇인가?

세계 최대 자산운용사 블랙록(Blackrock)의 CEO 래리 핑크(Larry Fink)는 2020년 1월 투자자들에게 보낸 연례 서한에서 "앞으로 기업의 지속가능성을 투자 결정의 기준으로 삼겠다."고 선언하였다. 기후 변화와 사회 책임으로 인한 리스크를 장기적인 투자의 리스크로 보고 투자결정 요인으로서 지속가능성의 중요성을 강조한 것이다. 또한 2021년 연례 서한에서는 기업들의 기후변화 대응 장기전략 공개를 요구하고, 양질의 ESG 정보 공시를 강조하며, 실질적인 ESG 경영 이행을 가속화할 것을 요구하였다. 래리 핑크의 이와 같은 언급을 신호탄으로 지속가능성에 대한 사회적 요구가 높아지면서 ESG 경영은 세계적인 관심사가 되었다.

ESG는 환경(Environmental), 사회(Social), 지배구조(Governance)의 약자로 기업이나 국가의 지속가능성을 판단하는 기준이다. 2004년 유엔 글로벌 콤팩트(UNGC: UN Global Compact)가 작성했던 보고서인 "Who Cares Wins - Connecting Financial Markets to a Changing World"에서 처음 사용되면서 세상에 알려지기 시작했다. UN은 국가와 기업이 앞으로 지속가능한 성장을 하기 위해서는 ESG에 대한 체계적인 대응이 필수적이라고 판단하고, 기업 투자 가치에 중대한 영향이 있거나 있을 수 있는 비재무적 이슈들을 부각시키기 위해 ESG라는 개념을 고안해낸 것이다.

E 환경 이슈	S 사회 이슈	G 지배구조 이슈
· 기후변화 및 탄소배출 · 대기 및 수질 오염 · 생물의 다양성 · 삼림 벌채 · 에너지 효율 · 폐기물 관리 · 물 부족	· 고객만족 · 데이터 보호 및 프라이버시 · 성별 및 다양성 · 직원 참여 · 지역사회 관계 · 인권 · 노동기준	· 이사회 구성 · 감사위원회 구조 · 노물 및 부패 · 임원보상 · 로비 · 정치 기부금 · 내부 고발자 제도

그림 22 ESG 평가기준

※자료: UN, "Principles for Responsible Investment"

이와 같은 ESG 평가기준에 따라 세계 3대 연기금 중 하나인 노르웨이 국부펀드는 석탄, 담배, 핵무기를 생산하는 기업과 환경오염을 일으키는 기업, 부패하거나 인권을 침해하는 기업을 투자대상에서 제외하였다. 마찬가지로 세계 3대 연기금 중 하나인 우리나라의 국민연금기금도 ESG 요소를 투자 결정에 반영하고, 2022년까지 ESG 관련 투자를 운용하는 기금을 50%까지 확대하겠다고 밝혔다. 기업이 돈을 빌리거나 투자를 받을 때 중요한 신용등급을 평가하는 스탠더드 앤드 푸어스(S&P)와 무디스, 피치와 같은 신용평가 기관들 또한 이미 2019년부터 기업의 신용을 평가할 때 ESG 요소를 고려해왔다.

ESG 관련 새로운 규제나 법안도 등장하고 있다. 유럽연합(EU)은 ESG와 관련한 다양한 법안을 도입하고 있는데, 그 중에는 기업의 생산 공급망 전체에서 환경과 인권 보호 상황에 대한 조사를 의무화하는 제도가 포함되어 있다. 기업의 ESG 관련 정보를 의무적으로 공개하도록 하는 움직임도 나타나고 있는데, 예로 영국은 2025년까지 모든 기업에 ESG 정보 공시를 의무화한다는 계획을 밝혔으며, 우리나라의 금융위원회도 코스피 상장사들을 대상으로 2030년까지 기업의 지속가능경영 보고서 공시를 의무화할 계획이다. 이외에 미국, 일본 등에서도 ESG 정보 공시 의무화를 추진하고 있다.

이처럼 새로운 투자 기준과 법안 등으로 인해 ESG는 기업이 고려해야할 필수 요소가 되고 있다. 이러한 변화로 ESG는 2021년 우리나라 주요기업의 신년사와 주주총회에서 가장 많이 등장한 용어가 될 만큼 국내 기업에게도 영향을 주었다. 2021년 4월을 기준으로 10대 기업 중 7개사가 ESG 위원회를 설치해 관련 전문가를 영입했으며, 탄소 배출을 줄이는 방안을 모색하기 위해 기업 간 연합체를 구성해 공동 연구를 수행하는 기업들도 나타났다.

1.2 유엔 글로벌 콤팩트(UNGC)와 유엔 책임투자원칙(UN PRI)

유엔 글로벌 콤팩트(UNGC)와 유엔 책임투자원칙(UN PRI: UN Principles for Responsible Investment)은 ESG와 매우 밀접한 연관성이 있는 대표적인 글로벌

표 3 UNGC 10대 원칙(UNGC 10 Principles)

인권 (Human Rights)	원칙 1	기업은 국제적으로 선언된 인권 보호를 지지하고 존중해야 하고
	원칙 2	기업은 인권 침해에 연루되지 않도록 적극 노력한다.
노동 (labour)	원칙 3	기업은 결사의 자유와 단체교섭권의 실질적인 인정을 지지하고,
	원칙 4	모든 형태의 강제노동을 배제하며,
	원칙 5	아동노동을 효율적으로 철폐하고,
	원칙 6	고용 및 업무에서 차별을 철폐한다.
환경 (environmnet)	원칙 7	기업은 환경문제에 대한 예방적 접근을 지지하고,
	원칙 8	환경적 책임을 증진하는 조치를 수행하며,
	원칙 9	환경친화적 기술의 개발과 확산을 촉진한다.
반부패 (anti-corruption)	원칙 10	기업은 부당취득 및 뇌물 등을 포함하는 모든 형태의 부패에 반대한다.

기구들이다. ESG라는 용어를 처음 소개한 유엔 글로벌 콤팩트는 UN이 2000년 '기업의 지속가능성 향상'을 목표로 만든 글로벌 협약이다. 당시 UN 사무총장이었던 코피 아난은 글로벌화로 인한 문제점을 극복하기 위해 선진 기업 리더들이 기업 스스로는 물론 유엔과의 파트너십을 통해 인권, 노동, 환경 분야의 핵심 가치를 포용하고 지원해 줄 것을 정식으로 제안하였다. 그리고 이를 토대로 인권, 노동, 환경 분야에 반부패 이슈를 포함한 '유엔 글로벌 콤팩트 10대 원칙'을 제정하였는데, 이 원칙들은 기업이 ESG의 중요성을 인식하고 구체적 행동으로 실천할 것을 요구하고 있다.

한편 2006년 UN이 전 세계 주요 금융기관들과 함께 만든 '기관투자자의 책임투자원칙'인 유엔 책임투자원칙(UN PRI)은 총 6개 항목으로 구성되어 있다. 이 원칙에서는 투자 분석이나 의사결정 과정에서 ESG 이슈를 포함하고, 투자대상 기업에게 ESG 관련 정보공개를 요구할 것을 제안하였다. UN PRI에서는 ESG를 '위험 관리와 지속 가능한 수익 창출을 위해 투자의사 결정 시 반영해야 하는 요소'로 정의하고 있는데, UN PRI가 제정된 이후 전 세계적으로 ESG에 대한 관심 및 관련 투자가 본격적으로 확산되었다.

표 4 UN PRI 6대 원칙(UN PRI 6 Principles)

원칙 1	ESG 사안을 투자 분석 및 의사결정 절차에 통합한다.
원칙 2	적극적 주주로서 활동하고 ESG 사안을 투자 보유 정책과 관행에 통합한다.
원칙 3	투자 대상 기업에 ESG 사안에 대한 공시를 요구하는 길을 모색한다.
원칙 4	투자산업 내에서 책임투자원칙의 수용과 실천을 촉진한다.
원칙 5	책임투자원칙 실천의 효율성을 개선하기 위해 협력한다.
원칙 6	책임투자원칙 실천에 관한 활동과 진척 상황을 보고한다.

최근에는 투자의사 결정을 위한 기업가치 측정과 더불어 지속가능경영 측면에서의 중요성이 부각되면서, ESG가 '기업 경영에서 지속 가능성을 달성하기 위한 3가지 핵심 요소' 또는 '기업의 중장기 기업가치에 직접적으로 영향을 미치는 환경 · 사회 · 지배구조 측면에서의 비재무적 성과'로 정의되고 있다.

2. ESG 구성요소

경영환경 변화에 따라 투자자들은 위험을 줄이고 성장 기회를 찾기 위한 분석과정의 일부로 환경, 사회, 지배구조를 포함하는 비재무적 요소들에 점점 더 많은 관심을 기울이고 있다. 이에 따라 ESG는 전 세계적인 트렌드로 자리매김하고 있으며, 소비자, 투자자, 지역사회, 정부 등 사회구성원들의 관심이 고조되면서 선택이 아닌 생존과 성장을 위한 핵심 요소로 부상하고 있다.

구체적으로 기업 목적의 측면에서 보면 ESG는 미래사회에서 기업가치를 제고하기 위한 사회적 가치로 기업의 목적에 내재화 되어야 하는 필수적인 요소가 되고 있는 것이다. 한편 자본조달의 측면에서 보면 ESG가 투자자들의 핵심 가치로 부각됨에 따라 기업은 원활한 자본조달을 위해 ESG를 필수적으로 관리해야 하는 필요성에 직면하고 있다. ESG 요소를 통합한 투자 펀드의 수는 빠르게 증가하고 있으며, 앞으로도 계속 증가할 것으로 예상된다. ESG 투자 펀드가 늘어나면서 기업들은 ESG 경영을 실천하기 위한 기능적 접근방법에 주목하고 있다.

ESG는 기업의 지속가능성 달성을 위한 환경 · 사회 · 지배구조의 세 가지 핵심 요소들과 핵심요소별 하위지표들로 구성된다. 환경 부문에는 기업의 경영활동 과정에서 발생할 수 있는 환경에 대한 영향 요소들이 포함되는데, 특별히 최근 기후변화와 관련된 탄소중립, 재생에너지 사용

등이 중요한 요소로 부각되고 있다. 환경 부문의 대표적인 하위지표들로는 대기 및 수질 오염, 생물다양성, 삼림 파괴, 에너지 효율, 온실가스 배출, 천연자원 고갈, 폐기물 관리 등이 포함된다.

사회 부문에는 임직원, 고객, 협력회사, 지역사회 등 다양한 이해관계자에 대한 기업의 권리와 의무, 책임과 관련된 요소가 포함되는데, 최근에는 인권, 안전 · 보건 등의 이슈가 화두가 되고 있다. 사람을 대하는 조직의 방식과 관련된 요소들이 다수 포함되는 사회 부문의 대표적인 하위지표들로는 조직이 운영되고 서비스를 제공하는 지역 사회에 대한 조직의 영향을 포함한 지역사회 관계, 고객 만족, 데이터 보호 및 개인 정보 보호 정책 및 노력, 자선 활동, 직원의 다양성, 직원 참여 및 관계, 건강 및 안전, 아동 노동을 포함한 인권, 근로기준 등이 포함된다.

지배구조 부문에는 회사의 경영진과 이사회, 주주 및 회사의 다양한 이해관계자의 권리와 책임과 관련된 요소가 포함되는데, 규정 준수를 유지하기 위한 내부 시스템 제어 및 관행에 초점을 맞추어 기업이 자체 정책을 수립하는 방식을 조사한다. 잘 정의된 기업지배구조 시스템은 이해관계자 간의 이해관계를 균형 있게 조정하는 데 도움이 되며, 기업의 장기전략을 지원하는 도구로 활용될 수 있다. 지배구조 부문의 대표적인 하위지표들로는 리더십, 다양성 및 구조를 포함한 이사회 구성, 부패와 뇌물, 기부 및 정치 로비, 임원 보수 및 정책, 감사위원회 구조, 내부통제 및 규제정책, 내부고발자 프로그램 등이 포함된다.

3. ESG와 CSR의 비교

기업의 사회적 책임(CSR: Corporate Social Responsibility)은 기업 경영에 있어 사회 및 환경 문제를 고려하는 이해관계자와 기업의 책임과 의무를 의미한다. 1953년 미국의 경제학자 보웬(H. Bowen)은 그의 저서 “*Social*

Responsibilities of the Businessman"에서 "CSR은 기업가들이 사회 전체의 목적, 가치에 맞게 의사결정을 하고 사회에 바람직한 방향으로 행동하는 의무이며, 사회에 대한 기업의 경제적 · 법적 의무일 뿐만 아니라 사회 전체에 대한 책임을 의미한다."고 정의하였다. 이후 프리드먼(Friedman)과 캐롤(Carroll) 등을 거치며 다양한 이론으로 발전되었는데, 특별히 아치 캐롤 교수는 1991년 논문을 통해 가장 널리 알려져 있는 CSR의 개념인 기업의 사회적 책임 피라미드(CSR Hierarchy) 개념을 제시하였다. CSR 피라미드는 가장 아래 단계에서부터 경제적·법적· 윤리적·재량적(박애적) 책임의 순서로 구성되어 있는데, 이것을 피라미드 형태로 제안한 것은 아래에 있는 책임이 우선적으로 고려되어야 한다는 것을 의미이다. 그런데 최근 기업에 대한 이해관계자들의 기대 변화로 인해서 캐롤 모형에서 윤리적이거나 심지어 재량적인 것으로 분류되었던 사항들이 점점 더 필수적인 것으로 인식되고 있다. 과거의 윤리적 책임으로 간주되었던 요소들이 오늘날 빠른 속도로 경제적이고 법률적인 필수 요소가 되고 있는 것이다

이와 같이 CSR의 개념은 기업이 경제적인 책임뿐만 아니라 사회에 대해 보다 적극적인 책임과 의무를 갖고 있다는 점을 강조하고 있지만, 다소 추상적이고 선언적이어서 기업 입장에서는 무엇을 어떻게 하면 좋은지에 대한 구체적인 사항을 모색하기가 어렵다는 한계가 있다. 이러한 한계를 극복하는 데 도움을 주는 개념이 바로 ESG라고 볼 수 있다. CSR과는 달리 ESG는 매우 구체적이고, 규범적이며, 투자자가 매개가 되어 기업이 행동할 수밖에 없게끔 구체적으로 설계되어 있다. 즉 환경, 사회, 지배구조 등 기업의 사회적 책임 활동의 구체적 내용으로서 비재무적 성과를 판단하기 위한 기준으로 활용되고 있기 때문에 기업들이 좀 더 압박을 느끼며 이를 수행하게 되는 것이다.

종합해 보면 CSR과 ESG는 모두 기업의 지속 가능한 발전을 추구하는

경영 패러다임을 의미하는 지속가능경영을 위한 수단과 내용이라고 볼 수 있다. 다만 이들 간의 차이와 관계를 고려해 보면 "기업은 이해관계자들에 대한 사회적 책임(CSR)에 대한 인식과 활동에 기초하여, 비재무적 성과인 ESG 성과 향상을 위한 전략을 수립하여 실행하고, 이를 통해 지속 가능한 발전을 도모할 수 있다."고 설명할 수 있을 것이다.

제2절 | ESG 동향

1. 주요 동향

ESG 이슈가 등장한 이후 전 세계적인 관심이 고조되면서 제도적인 규제 강화와 공적 투자기관과 민간 투자기관들의 ESG 정보공개에 대한 압박이 증가되었고, 이에 대응하기 위한 기업의 노력도 강화되고 있다. 제도적 측면에서 보면 '2006년 UN PRI의 지속가능성장 관련 6대 원칙이 발표된 이후 세계 주요국들은 ESG 정보 공개에 대한 의무화, 공급망에 대한 실사 의무화 등 ESG 관련 규율을 강화하고 있다. 다음으로 투자 측면에서 보면 글로벌 연기금들의 ESG를 내재화한 책임투자가 보편화되고 있으며, 자산운용사 및 신용평가사 등 민간 투자기관들도 ESG를 기업의 미래가치를 평가하기 위한 중요한 요소들로 인식하고 있는 추세이다. 마지막으로 민간 측면에서 보면 기업의 ESG 관련 정보공개 요구가 증가하고 평가가 강화되면서, ESG 활동에 대한 평가, 컨설팅, 자문을 수행하는 기관들이 급증하고 있을 뿐만 아니라, 산업 단위의 협회와 단체 수준에서의 행동강령 또는 가이드라인 형태의 자율규범을 의미하는 이니셔티브가 출범되는 등 자발적인 대응노력이 강화되고 있는 추세이다.

아래의 〈표〉는 ESG와 관련한 제도적 측면, 투자 측면, 민간 측면의 주요 동향을 정리한 것이다.

표 5 ESG 관련 제도적/투자/민간 측면의 주요 동향

구분		주요 동향
제도적 측면		기업의 ESG 정보공개 의무화, 협력사 등 공급망에 대한 실사 의무화 등 ESG 관련 규제 강화
투자	연기금	글로벌 연기금의 ESG 투자원칙에 따른 책임투자 보편화
	자산운용사	글로벌 3대 자산운용사 등 주요 투자기관에서 ESG 요소를 반영한 투자 결정 및 의결권 행사를 이행
	신용평가사	글로벌 신용평가사에서 ESG 평가결과를 기업 신용등급에 반영하고, 평가기준을 지속적으로 강화
민간	평가기관	기업들의 ESG 대응과 신뢰성 있는 평가를 위해서 민간 차원의 평가 기관이 급증하고 있으며, 특히 공급망 관련 ESG 평가 시장이 확대되는 추세
	이니셔티브	(공공) UN을 중심으로 ESG 분야 원칙, 목표 등을 제시 (민간) 전자, 자동차 등 주요 산업별로 산업 특성을 감안한 이니셔티브 조성하여 적극 대응 * 환경, 책임경영 이니셔티브도 확대 추세

2021년 말 기준 각 세부 분야의 ESG 관련 동향은 다음과 같다.

1.1 규범화 동향

2000년대 전후로 세계 주요국에서는 ESG 요소들과 관련한 기업의 활동이 투자수익과 기업가치 및 경제적 성과에 직접적인 영향을 줄 수 있다는 주장이 확대되면서, ESG 공시 등 각종 규제를 강화하기 위한 논의가 본격화되었다. 이를 지역별로 살펴보면 먼저 EU에서는 2003년 회계현대화지침(EU Accounts Modernisation Directive)을 통해 연차보고서상에서

비재무적 요소(ESG)의 공시를 권고하였고, 이후 2014년 제정된 정보공개 지침에 따라 2018년까지 정보공개를 의무화하였다. 이에 따라 EU 내 영국, 독일, 프랑스 등은 기업 연차보고서 내에 ESG 정보공개를 의무화하는 법령을 발표하였고, 최근에는 ESG 요소 중 공급망 실사에 대한 의무화 규제를 발표하기도 하였다.

미국은 1978년 정부윤리법을 제정하고, 1999년 부패방지라운드 등 윤리 관련 법률을 제정하는 등 과거부터 기업윤리 및 지배구조 중심의 법률 제정 및 정보 공시를 강화해 왔으며, 최근에는 환경 및 공급망 관리 등의 분야에서의 법령을 추진하고 있다. 2021년 말 기준 아시아 주요국 중 일본은 ESG 공시를 의무화하기 위한 국제적인 기준을 마련하여 기업들에게 ESG 정보공개를 의무화할 예정이며, 환경에 대한 기업 보고 관련 규제를 추진하고 있다. 또한 중국은 국영 및 외자기업들의 사회적 책임활동 수준 평가를 목적으로 정보공개를 추진 중이다.

한편 한국은 2030년까지 단계적인 ESG 정보공시 의무화를 추진하고 있다. 구체적으로 2018년까지 대형 상장기업들의 지배구조 핵심정보 공개를 의무화하였고, 2025년까지 자산규모 2조 원 이상 상장기업의 ESG 정보공시를 의무화하였으며, 2030년까지는 전 코스피 상장사들의 ESG 정보공시를 의무화하였다. 또한 탄소중립, 인권기본법, 공공조달 등 ESG 관련 규제법을 추진하고 있다.

1.2 기관투자자 동향

글로벌 연기금, 자산운용사들을 중심으로 책임투자가 보편화됨에 따라 ESG 투자원칙이 수립되고, ESG 투자가 내재화 되고 있다. 또한 책임투자 촉진을 위한 스튜어드십 코드(Stewardship Code) 도입이 가속화되고 있으며, 국내에서도 국민연금을 포함함 많은 기관이 스튜어드십 코드에 참여하고 있다. 스튜어드십 코드는 기관투자자의 역할을 단순히 주식보유와 의결권 행사에 한정하지 않고 기업과의 적극적인 대화를 통해 기업의 지속가능성장에 기여하고, 이를 바탕으로 고객의 이익 극대화에 기여해야 함을 강조하는 행동지침이다. 기관 투자자들은 고객 및 수익자의 자산을 위탁받은 선량한 관리자로서, 중장기적으로 고객 및 수익자의 이익을 극대화할 수 있어야 한다. 그리고 이를 위해 각각의 투자전략을 바탕으로 책임투자를 실행함에 따라 기업들에게 평가에 필요한 ESG 정보공개를 요구하고 있다.

1.3 자산운용사 및 신용평가사 동향

글로벌 3대 자산운용사인 BlackRock, The Vanguard Group (Vanguard), State Street Corporation(SSBT)를 비롯한 주요 기관들은 적극적으로 ESG 요소를 반영한 투자와 의결권 행사를 이행하고 있다. 예로 BlackRock은 거버넌스 구조, 중장기 ESG 목표, ESG 연계 KPI 설정, 기후변화 대응체계, 인적자원 관리 이슈에 대한 정보를 활용하여 적극적으로 투자에 대한 의사결정을 하고 있다. 또한 Vanguard는 재생에너지, 지속가능한 산림, 수자원, 보건, 포용적 금융 등 테마투자를 운용하기 위해 기업의 ESG 정보를 활용하고 있다.

한편 글로벌 3대 신용평가사인 S&P, Moody's, Fitch에서는 ESG 평가결과를 기업 신용등급에 반영하고 있으며, 평가기준을 강화하고 있는 추세이다. S&P는 ESG 분야 12개 지표에 대한 대외 공개 정보를 기반으로 1차 평가점수를 산정하고, 중 · 장기 지속가능성을 판단한 추가 평가점수와 합산하여 종합 평가점수를 도출하고 있다. 또한 2019년 1월 Moody's는 23개 항목으로 구성된 ESG 지표를 활용하여 신용평가에 적용하였고, Fitch는 ESG 통합점수 시스템을 발표하고 전 세계 1,500개사를 대상으로 실시한 ESG 자체 평가결과를 공개하기도 하였다.

1.4 평가기관 동향

ESG 평가기관들은 기업의 ESG 성과를 확인하기 위한 목적으로 평가를 실시하고 그 결과를 연기금, 자산운용사, 신용평가사 등에 제공하고 있다. 이들은 평가지표 개발과 평가 수행을 내재화하고 있으며, 평가지표를 지속적으로 개선하고 발굴하여 ESG 평가에 대한 신뢰성을 높일 수 있는 평가 방법들을 고도화하고 있다.

특별히 Apple, BMW, VolksWagen 등 글로벌 기업들의 협력업체(공급망)에 대한 ESG 관리가 강화됨에 따라 공급망 관련 ESG 평가가 활성화되고 있다. 이에 따라 국내기업들 또한 협력사 대상 ESG 평가에 대비하기 위한 노력을 강화하고 있으며, 일부 국내 신용평가사는 중소기업들을 대상으로 하는 ESG 평가 모델 개발을 추진하고 있다.

1.5 공공 · 민간 이니셔티브 동향

글로벌 이니셔티브는 기업 및 자본시장에 대한 ESG 확산 및 강화에 주력하고 있으며, 개별 이니셔티브는 정보공개 원칙, 지침, 지표, 방법론 등을 시장에 확산시키기 위해 노력하고 있다. 대표적인 글로벌 이니셔티브와 이들의 주요 활동 사항들은 다음과 같다.

- UNGC: 조직의 운영에 있어 최소한의 기초적인 책임을 강조하고 있으며, 조직이 준수해야 할 인권, 노동, 환경, 반부패 분야의 10대 원칙을 제시
- UN SDGs: 국제사회의 지속가능한 발전을 위해 정부, 기업, 시민사회 등이 환경, 사회에 미치는 영향을 관리할 수 있도록 17개 분야, 169개 세부 목표를 제시
- Responsible Business Alliance: Apple, HP, Dell 등 전자제품 산업의 가치사슬상에서 발생할 수 있는 이슈를 해결하기 위한 이니셔티브로

등장하였으며, 최근 이니셔티브 가입 대상을 자동차, 항공, ICT 등의 산업으로 확장

- Drive Sustainability: BMW, Volvo, Daimler, Toyota 등 완성차 산업 부문의 조달, 생산, 유통 단계에 잠재된 환경, 사회 이슈 해결을 목적으로 하고 있으며, 완성차가 운행하는 과정에서 발생하는 환경, 사회문제에 공동으로 대응
- Plastic Economy, NaturALL Bottle Alliance: 플라스틱 폐기물 저감과 재활용, 생분해 플라스틱 개발을 위해 산업계 공동의 기술개발 및 연구활동을 진행
- Renewable Energy 100, Science Based Targets: 재생에너지 사용 확대를 요구하고 있으며, 온실가스 감축 목표 설정, 배출량 관리 방법론을 개발 및 확산하는 데 집중
- GRI Standards, SASB Standards: 조직이 공개해야 하는 정보에 대한 지침(guidance)과 지표(indicators)를 제시

2. 국내 대응 현황

국내 ESG 대응현황을 투자, 기업 및 단체, ESG 서비스 부문으로 구분하여 살펴보면 다음과 같다. 먼저, 투자와 관련해서 국내 ESG 투자는 글로벌 수준에 비해 2021년 말 현재까지 규모는 작으나, 빠르게 증가하는 추세를 나타내고 있다. 국내 ESG 펀드는 자금유입 추세가 가속화되면서 규모가 급증하고 있고, 연기금 및 금융기관들은 ESG 평가시스템을 구축하고 관련 상품을 출시하는 등 ESG를 반영한 투자전략을 추진하고 있다.

한편 주요 경제단체와 기업들은 ESG 확산에 따른 글로벌 경쟁환경 변화에 대응하기 위해 노력하고 있는데, 주요 대기업들을 중심으로 ESG 관련 정책 및 목표를 선언하고, 계열사의 ESG 추진을 위한 전담조직

및 체계를 수립하고 있다. 반면 중소·중견 기업들은 인력 및 비용과 관련한 경영부담으로 인해 전반적인 ESG 대응에 어려움을 겪고 있으나, 최근에는 공급망 ESG 평가 확대로 점차 대응 필요성이 높아지고 있는 상황이다. 수출기업들은 해외 바이어가 요구하는 특정 ESG 요건에 집중하여 대응하고 있는 중이나 글로벌 원청기업의 ESG 준수요구가 강화되고 있다. 경제단체들은 ESG 위원회를 설립하고 ESG 관련 교육 및 포럼을 개최하는 등 기업의 ESG 대응을 지원하기 위한 노력을 강화하고 있다.

마지막으로 민간컨설팅, 신용평가기관, 언론사 등 ESG 서비스 기관들은 ESG 컨설팅 및 평가에 참여하면서 ESG 서비스 생태계를 조성해가고 있다. 국내 컨설팅 기관 및 신용평가, 언론사 등은 각각 ESG 전담부서를 신설 또는 확대하여 ESG 서비스 시장에 적극적으로 참여하고 있다.

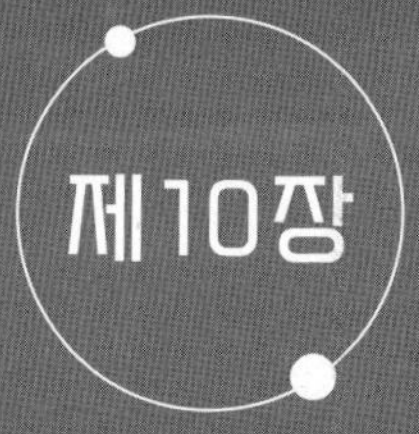

제10장

ESG 경영의 확산

제1절 | ESG 경영의 확산

1. 기업의 역할과 목표의 변화

기업은 생산물 시장에서 재화나 서비스를 판매하고 이윤을 얻는 공급자의 역할을 수행하는 한편, 생산에 필요한 생산요소가 거래되는 생산 요소 시장에서는 가계로부터 노동, 토지, 자본을 구매하는 수요자의 역할을 수행한다. 반면 가계는 생산물 시장에서 기업이 생산한 재화나 서비스를 구매하는 수요자의 역할을 수행하고, 생산요소 시장에서는 노동, 토지, 자본을 기업에 제공하고 그 대가로 임금(노동), 지대(토지), 이윤(자본)를 얻는 공급자의 역할을 수행한다. 이렇게 기업과 가계의 지속적인 활동으로 경제는 순환한다.

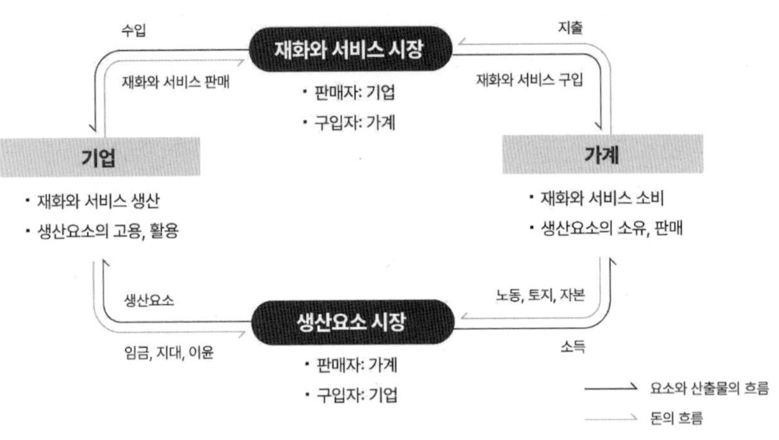

그림 23 경제순환구조

1971년 미국의 경제학자 밀턴 프리드먼(Milton Friedman)은 "기업의 사회적 책임은 이익을 많이 내는 것"이라며 기업의 목표를 이윤 극대화로 설명하였다. 이러한 전통적인 기업의 목표에 따라 기업은 더 많은 이윤을 얻기 위해 혁신을 추구하고, 새로운 기술과 제품을 개발하기 위해 노력해왔다. 이 과정에서 일자리가 창출되어 고용이 늘어나고 가계의 소득이 증가하고, 새로운 소비가 생겨나는 등 경제가 성장해왔다. 또한 개인과 기업이 각종 세금을 납부해 국가 재정이 운용될 수 있었기 때문에 기업의 생산활동은 궁극적으로 국가경제 발전에 기여해왔다.

하지만 기업의 생산활동이 사회에 항상 긍정적인 영향을 준 것만은 아니다. 때로는 무분별한 개발로 환경오염을 유발하였고, 노동 문제와 인권 문제 등 다양한 사회문제 발행의 원인이 되기도 하였다. 이러한 부정적인 영향을 줄이기 위해 기업에는 사회적 책임이 주어졌는데, 이는 지속가능성을 확보하기 위한 이윤 추구 과정에서 법령과 윤리를 준수하고 소비자, 근로자, 지역사회 등 다양한 이해관계자들의 이해관계를 고려하는 의사결정을 하라는 요구였다. 이러한 요구가 커지면서 미국의 200대 대기업의 협의체인 '비즈니스 라운드 테이블(Business Round Table)'에서는 2019년 기업의 목표에 대한 선언을 통해 "이윤 추구와 주주의 이익 극대화를 넘어 모든 이해관계자에 대한 사회적 책임 강화"로 확대하겠다고 밝혔다.

기업의 사회적 책임에 대한 요구는 지속가능성을 추구하는 과정에서 나타났다. 기업이 단기적인 이익 추구만을 생각할 것이 아니라, 사회에 미칠 장기적인 영향까지 고려해야 한다는 요구가 ESG 경영으로 이어진 것이다.

세계의 많은 기업들은 기업의 지속가능성과 사회, 환경의 지속가능성을 위해 새로운 경영 방식이나 생산 방법을 고안하여 시도하고 있다. 지속가능성을 확보하기 위한 기업의 실천에는 소비자의 역할도 중요하다. 소비자의 요구와 선호에 맞춘 제품을 생산하기 위해 기업은 기술개발이나 경영

방식의 변화 등을 시도할 것이기 때문이다. 사회적 책임과 ESG 경영을 통한 지속가능성의 확보는 기업에게만 주어진 요구가 아닌 소비자도 함께 추구해야 할 사회적 가치인 것이다.

2. 소비자 인식 변화

다양한 방식으로 나타나고 있는 기업의 ESG 경영이 소비에 미치는 영향과 관련하여 대한상공회의소가 2021년 5월 실시했던 'ESG 경영과 기업의 역할에 대한 국민인식 조사' 결과에 따르면 기업의 ESG 경영이 소비자의 제품 구매에 영향을 준다고 답한 응답자의 비율은 63%, ESG에 부정적인 기업의 제품을 의도적으로 구매하지 않은 경험이 있다고 답한 비율은 70%에 달하는 것으로 나타났다. ESG 우수 기업 제품에 대해 추가 가격을 지불할 의사가 있다고 답한 비율도 88%에 달했는데, 이를 통해 기업의 ESG 경영활동이 소비자가 어떤 기업의 제품을 구입할지를 결정하는 데 중대한 영향을 미치고 있다는 것을 알 수 있다.

또한 동일한 조사의 결과에 따르면 기업의 역할에 대한 소비자들의 인식도 변화한 것으로 나타났는데, 기업의 역할이 "주주의 이익 극대화"라고 답한 응답자는 9%에 그친 반면, "주주가 아닌 사회 구성원의 이익 추구"라고 답한 응답자는 39%에 달하는 것으로 나타났다. 이는 기업이 단순히 제품을 팔아 이익을 추구하는 것에서 나아가 사회적 책임을 다해야 한다는 소비자의 요구가 반영된 결과로 해석될 수 있다.

제2절 | ESG 경영의 동기

2050년까지 실질 이산화탄소 배출량을 '0'으로 만드는 탄소중립을 선언한 국가는 한국, 미국, 중국 등 120개국이 넘는다. 또한 세계 여러 국가 사이에는 기후변화협약과 생물다양성협약, 사막화방지협약 등 다양한 환경협약이 체결되어 왔다. 심각한 수준의 환경오염이 계속되면서 인류의 생존이 위협받자 더 이상의 환경 파괴를 막기 위해 여러 국가들이 한데 힘을 모으고 있는 것이다.

환경에 대한 관심은 소비자들 사이에서도 커지고 있다. '그린', '에코' 등의 수식어가 붙은 친환경 제품을 소비하거나 일회용품을 사용하지 않는 등 환경오염을 줄일 수 있는 방향으로 소비 습관을 바꾸려는 사람들이 많아지고 있다. 또한 더 좋은 근로 환경을 제공하거나 사회문제를 해결하기 위해 적극적으로 노력하는 기업의 제품을 찾는 소비자도 늘어나고 있다. 이렇게 전 세계적으로 사회적 가치에 대한 관심이 높아지면서 기업은 '이윤 추구'와 함께 '지속가능성'까지 고려한 경영전략을 찾아가고 있는 것이다.

기후 변화와 기업의 사회적 책임을 강화하기 위한 글로벌 규제들은 기업이 ESG 활동을 강화하게 만드는 압력이 되고 있다. 더불어 글로벌 연기금, 자산운용사, 투자은행들이 책임투자를 위해 ESG를 핵심 투자지표로 채택하면서 금융투자 패러다임이 빠르게 바뀌고 있는 것도 기업들이 ESG 경영을 실천하도록 하는 압력으로 작용하고 있다. 그렇다면 투자기관들의 투자 결정 기준을 변화시키고 ESG 경영을 강화시킨 근본적인 요인은 무엇일까? 우리는 이와 같은 요인들을 사회적 풍요, 지속가능성에 대한 사회적 관심 증가, 글로벌화, 정보통신기술에 발전, 브랜드의 중요성 증가와 같은 사회 환경의 변화에서 찾아볼 수 있을 것이다.

1. 사회적 풍요

사회적 풍요는 사회의 기대수준을 높인다. 물질적으로 풍요로운 사회에 있는 기업은 이해관계자들을 위해 보다 높은 가치를 제공하고 있다는 것을 보여줄 수 있어야 한다. 반면 물질적으로 덜 풍요로운 사회에서는 제조업체가 환경을 오염시키는 방법으로 사회에 생산원가 일부를 전가할 수 있다. 대부분의 사람들이 가족을 먹여 살릴 일자리가 절박한 경우 환경오염과 같은 문제에 대한 관심은 제한적일 수밖에 없기 때문이다. 그러나 사회가 점점 더 물질적으로 풍요로워지면 환경오염과 같은 사회적 이슈에 대한 대중의 이해도와 관심이 증가된다.

그림 24 1980년대 LA와 산티아고

1980년대 칠레의 수도 산티아고 시내의 대기오염 문제는 캘리포니아 로스앤젤레스에서와 마찬가지로 매우 중요한 이슈였다. 그러나 서로 다른 경제발전 수준 때문에 두 지역에서의 대기오염 이슈는 다르게 인식되고 대처 되었다. 로스앤젤레스에서는 환경오염을 줄이기 위한 엄격한 법률이 발효된 반면, 칠레에서는 빈곤문제 해결을 위해서 저가의 운송수단을 포함하여 저렴한 생필품 공급 이슈가 더 높은 우선순위를 부여받았기 때문에 환경오염 이슈는 후순위로 밀리게 되었다.

부유한 나라에서와 마찬가지로 가난한 나라에서도 깨끗한 공기가 가치 있는 것이지만, 그보다 중요한 우선순위가 존재할 수 있는 것이다. 하지만 시간이 지남에 따라 이러한 우선순위는 변화될 수 있다. 즉 사회적 풍요의 수준이 높아짐에 따라 환경오염과 같은 사회적 이슈에 대한 대중의 이해도와 관심이 증가되고 있는 것이다.

2. 지속가능성에 대한 사회적 관심 증가

소비자, 지역사회, 사회단체를 포함하는 이해관계자들은 환경과 사회적 책임에 무관심한 기업을 응징하고 있고, 앞으로 그 경향은 더욱더 강해질 것이다. 이러한 변화에 따라 기업들은 전략을 변화시키고 ESG 경영활동을 강화하고 있다. 예로 테슬라(TESLA)는 '지속가능한 에너지로의 세계적 전환을 가속화'하겠다는 사명을 달성하기 위해 '신재생에너지 생태계 구축'을 위한 노력을 강화하고 있고, 유니레버(Unilever)는 환경과 공급망에 대한 책임을 강화하는 '지속 가능한 생활계획(USLP: Unilever Sustainable Living Plan)'을 발표하며 혁신을 통해 지속가능성에 대한 이해관계자들의 요구를 충족시키기 위한 활동을 강화하였다.

또한 애플은 "전 세계 모든 사업장에 100% 신재생에너지를 사용할 것(RE100)"이라고 발표하였으며, 디즈니, 쉘, GM은 예산 수립과정에서 탄소가격제도(배출권거래)를 수용하고 있다. 나아가 2015년 파리에서 열렸던 기후변화협약의 준비과정에서 애플, Bank of America, 버크셔 헤서웨이, 코카콜라, GM, 골드만삭스, 구글, 마이크로소프트, 펩시콜라, UPS, 월마트 등이 탄소배출량 감축노력에 1,400억 달러 이상을 투자하기로 약속했다.

이와 같은 환경변화에 맞춰 빠르게 대응하고 있는 일부 기업들은 전략계획과 일상에 ESG 경영활동을 통합함으로써 기회를 활용하고 차별적인 경쟁우위를 확보할 수 있을 것이다.

3. 글로벌화

글로벌화는 기업운영의 효율성을 높여주는 반면, 복잡성을 증가시킨다. 더불어 기업 행동이 이해관계자들의 필요와 기대 수준을 충족시키지 못할 경우 글로벌 무대에서 노출되는 잠재적 위험의 수준을 높일 수 있다. 따라서 글로벌화는 기업이 ESG 경영활동을 강화해야만 하는 또 다른 이유가 되고 있다.

1996년 미국의 《라이프》지에는 파키스탄 시알코트 지역 아동이 나이키 축구공을 바느질하는 사진이 게재됐다. 아이들에게 꿈을 줘야 할 축구공이 제3국의 가난한 아동노동을 착취해 만들어졌다는 사실은 미국과 유럽 전역을 뒤흔들었다. 미국 소비자 단체를 중심으로 시알코트 지역에서 생산된 축구공에 대한 불매운동이 일어났고, 나이키의 주가 또한 곤두박질치게 되었다. 사건 초기 “우리가 아니라 하도급 업체가 잘못한 것”이라고 발뺌하던 나이키는 결국 들끓는 비난 여론과 매출 감소에 무릎을 꿇고 사과하였다.

나이키 사례에서 볼 수 있는 것처럼 글로벌화는 기업운영의 범위를 확대하여 보다 다양한 이해관계자들과의 관계를 형성해야 하는 필요성을 강화하기 때문에 경영의 복잡성을 증가시키고 사회적 책임으로 인한 위험을 증가시킬 수 있다.

그림 25 나이키 아동노동 착취 사례

※자료: 1996년 미국의 Life 매거진

4. 정보통신기술의 발전

정보통신기술이 발전하면서 정보의 확산 속도가 매우 빨라졌고, 이로 인해 기업활동에 대한 세세한 정보가 공유되고 있다. 과거에는 모든 경쟁이 지역 내에서 이뤄졌고, 대부분의 제품은 동일한 사회에서 생산되고 소비되었다. 이러한 환경에서 기업이 정직한 행동으로 자기이익을 추구하는 것은 지역사회 내에서의 평판과 영업권을 지키기 위해 너무나도 당연한 일이었다. 그러나 기업규모가 커지고 글로벌화를 위해 해외시장에 진출하게 됨에 따라 이 같은 근본적인 가정은 무너졌다. 서구 소비자들은 자신들이 구매하는 제품의 생산 환경에 대해서 알 수 없었기 때문에 미국이나 유럽에서 제품을 판매하는 기업들이 베트남에서 악덕 고용주가 될 수 있었고, 중국에서 환경을 오염시키는 기업이 될 수 있었다. 불만을 갖는 베트남의 종업원과 중국의 지역 주민들은 이런 비즈니스 모델에 위협이 되지 않았다. 이는 다국적 기업 공장이 지역일자리와 경제발전을 위한 최고의 원천이 되는 경우가 많았기 때문이다. 하지만 인터넷을 포함한 정보통신 기술의 발전으로 이 같은 정보는 보다 빠르게 전파되고 있다.

사회적 풍요가 기업의 ESG 경영활동에 대한 요구를 강화하는 요인이 되지만 사실 잘 산다는 것의 개념은 상대적인 개념이다. 달리 말하면 우리는 다른 사람과의 비교를 통해 우리 자신의 부를 판단하는데, 글로벌화와 커뮤니케이션 기술의 발달로 인해 다른 지역 사람들의 생활수준을 쉽게 인지하게 되었다. 또한 이로 인해 각 경제권 내에서나 경제권 간의 소득 불평등이 중요한 이슈로 등장하게 되었으며, 이는 기업의 사회적 책임과 ESG 경영활동을 강화하는 요인이 된 것이다.

미래에는 더 많은 사람들이 이동통신기기를 통해 인터넷에 접속할 것이며, 소셜 미디어를 통해 정보를 공유할 것이다. 모바일 기기는 이전에 불가능했던 연결사회를 가능하게 해줄 뿐만 아니라 없어서는 안 될 필수 아이템으로 자리 잡고 있다. 미국 성인의 절반 이상이 스마트폰 없이는 살 수 없을 거라고 말하고 있으며, 실제적으로도 젊은 성인은 하루에 80번 이상 스마트폰을 사용한다고 한다.

트윗, 인스타그램, 페이스북, 링크드인(LinkedIn)과 같은 소셜 미디어 플랫폼들이 배분하는 데이터의 양은 엄청난데, 2018년 기준 페이스북을 적극적으로 활용하는 사용자가 22억 5천 명에 이르렀고, 월 3억 2천만 트위터 사용자가 하루에 수억 건의 트윗을 주고받고 있다. 이러한 정보의 대부분은 일상적인 내용이지만, 그 중 일부는 월스트리트를 점령하라(2011년 9월), 미투(2017년 10월), 유나이티드 항공 불매운동(2017년 4월) 등에서 볼 수 있는 것처럼 파괴적인 힘을 보여줬다.

5. 브랜드의 중요성 증가

브랜드는 기업 성공의 핵심요소이다. 인터브랜드는 매년 주요 기업들의 브랜드 가치를 계량화하여 발표하고 있는데, 그 결과는 점점 더 브랜드의 가치가 높아지고 있음을 보여준다. 예를 들어 인터브랜드의 조사에서 세계 1위를 차지한 애플의 브랜드는 1,840억 달러(202조 7,000억 원)의 가치가 있는 것으로 추정된다. 또한 페이스북은 유형자산이 140억 달러(15조 4,000억 원)에 불과하지만 브랜드 가치는 480억 달러(52조 8,700억 원)로 추정되었다. 그러나 오늘날의 글로벌화된 기업환경에서는 기업의 잘못된 행동에 대한 정보가 빠르게 확산될 수 있기 때문에 브랜드 이미지는 매우 쉽게 나빠질 수 있다. 즉 구축하기는 어렵지만 잃기는 쉬워진 것이다.

최근에는 사회적 이슈에 대한 적극적인 행동을 통해 브랜드 가치 향상을 도모하는 기업들이 증가하고 있다. 이와 관련한 사례로는 나이키가 체결했던 미국이 프로풋볼 선수 콜린 캐퍼닉과의 후원 계약이 있다. 캐퍼닉은 2016년 미국 국가가 울려 퍼지는 동안 인종주의에 저항하기 위해 무릎을 꿇었다. 나이키는 사회적 행동주의 때문에 프로풋볼리그 팀들과의 계약체결에 실패한 전 샌프란시스코 팀 쿼터백 콜린 캐퍼닉과 계약을 체결하고, 그의 이름과 이미지를 새긴 브랜드 의류를 생산하였다. 당시 나이키 캠페인의 슬로건은 "모든 것을 희생하더라도 믿는 대로 행동하라."였으며, 콜린 캐퍼닉을 광고 모델로 내세웠다. 나이키가 캐퍼닉과 장기계약을 체결한 것은 사실 이로 인해 잃어버릴 고객보다 더 많은 새로운 고객을 유치할 것이라는 판단하에서 감수한 위험이었다. 구체적으로 나이키의 전략은 캐퍼닉의 미국 국기에 대한 저항이 불경스럽다고 믿는 고객을 잃을 수 있는 위험을 감수한 것이었다. 그러나 그것은 또한 나이키의 젊은 고객층과 팬들로부터는 보상을 받을 수 있는 행동이었다. 미국에서 나이키를 사용하는 소비자의 2/3 이상이 35세 이하이며, 그들은 베이비부머 세대보다 훨씬 더 다양한 견해를 가지고 있다.

제3절 | 이해관계자 관리

1. 이해관계자의 정의와 유형 구분

ESG와 지속가능경영의 중요성을 강조한 이해관계자 자본주의(Stakeholder Capitalism)의 담론이 확산되고 있다. 2019년 비즈니스 라운드테이블(BRT)의 이해관계자 자본주의 성명서를 시작으로 2020년 다보스 포럼에서 천명한 '다보스 매니페스토 2020'에 이어, 2021년 1월 '다보스 어젠다 2021'에서는 이해관계자 자본주의를 '성장(Progress), 사람(People), 지구(Planet)'의 세 축으로 재정립하였다.

이해관계자 자본주의 시대가 도래함에 따라 기업은 주주만이 아닌 다양한 이해관계자들의 이해관계를 충족시켜줄 수 있어야 한다(Freeman, 1984). 따라서 기업의 활동 역시 주주 가치 향상뿐만이 아닌, 다양한 내·외부 이해관계자들의 이익을 증진시키는 일련의 과정과 활동으로 확대되고 강화되고 있다.

1970~80년대 산업화에 따른 사회·환경적 이슈가 빠르게 증가한 가운데, 미국 버지니아 대학교 교수인 에드워드 프리먼은 이해관계자에 대한

개념을 정의하고, 기업의 지속가능성의 중요성과 이와 관련한 이해관계자의 중요성을 설명하였다. 프리먼은 이해관계자를 '주주, 경영자, 고객, 공급자, 채권자, 지역사회, 경쟁자, 정부, NGO 등 기업과 영향을 주고받는 모든 개인이나 집단'으로 정의하고, 기업이 지속가능성을 확보하기 위해서는 다양한 이해관계자들의 이해관계를 고려하는 경영활동을 수행할 필요가 있음을 강조하였다. 또한 다양한 이해관계자들을 주주, 종업원, 고객, 공급자와 같이 기업의 성과에 직접적인 영향을 미칠 수 있는 '협의의 이해관계자'와 정부, 경쟁자, NGO 등 성과에 간접적으로 영향을 미치는 '광의의 이해관계자'로 구분하기도 하였다.

한편 데이비스와 프레드릭(Davis & Frederick, 1984)은 이해관계자를 기업의 경영활동과 관련한 의사결정에 참여할 수 있는 권한을 가진 자로 정의하고, 기업에 자본 및 인적자원 등을 공급하여 생산 및 판매활동에 참여하는 '경제적 이해관계자(Free Market Stakeholders)'와 지역사회, 정부, 단체 등 생산 및 판매 활동에 참여하지는 않지만 기업의 사회적 책임의 대상이 되는 '비시장 이해관계자(Nonmarket Stakeholders)'로 구분하여 제시하였다.

이 밖에도 다양한 이해관계자들은 '조직적 이해관계자(Organizational Stakeholders)', '경제적 이해관계자(Economic Stakeholders)', '사회적 이해관계자(Societal Stakeholders)'로 구분되기도 한다. 조직적 이해관계자에는 기업 내부에 존재하는 종업원, 경영자, 이사가 포함된다. 조직적 이해관계자들은 조직을 구성하며, 기업이 제공하는 제품과 서비스 생산에 가장 직접적으로 관여한다. 기업과 경제적 관계를 가지는 경제적 이해관계자로는 소비자, 주주, 경쟁사가 포함된다. 경제적 이해관계자들은 주로 경제적 동기를 가지고 조직과 사회적 환경 간의 접점에서 역할을 수행한다. 즉 기업의 재무적, 경제적 성과에 영향을 미칠 뿐만 아니라, 기업과 환경 간의 구속력 있는 책임 관계를 창출한다. 사회적 이해관계자는 기업 운영을 둘러싼 보다 넓은 비즈니스 및 사회적 환경을 구성하는 이해관계자로서, 미디어,

표 6 이해관계자 이론 관점에서의 이해관계자 범위 및 구분

연구자 (연도)	이해관계자의 정의와 구분 기준
Freeman (1984)	정의: 기업의 경영 또는 목표 달성에 영향을 주고받는 개인 또는 집단 – 협의의 이해관계자: 주주, 종업원, 고객, 공급자와 같이 기업의 생존에 직접적인 영향을 미치는 이해관계자 – 광의의 이해관계자: 정부, 지역사회, NGO 등 기업의 목적과 성과에 간접적으로 영향을 미치는 이해관계자
Davis & Frederick (1984)	정의: 기업의 경영활동과 관련한 의사결정에 참여 권한을 가진 자로 시장 제도를 기준으로 구분 – 시장 이해관계자(free market stakeholders): 기업에 자본 및 인적자원 등을 공급함으로 기업의 생산 및 판매 활동 참여하는 경제적 이해당사자 – 비시장 이해관계자(nonmarket stakeholders): 지역사회, 정부, 단체 등 생산 및 판매 활동에 참여하지는 않지만 기업의 사회적 책임의 대상이 되는 집단
Carroll (1991)	정의: 이해관계자가 기업에 대한 법적, 제도적 권리를 가지고 있는 개인 또는 집단 – 일차적 이해관계자: 기업과 공식적 혹은 계약적 관계에 있는 집단 – 이차적 이해관계자: 1차 이해관계자 이외의 집단
Clarkson (1995)	정의: 기업에 직간접적 영향을 미치는 집단 – 일차적 이해관계자: 투자자, 종업원, 고객, 공급자, 정부 및 지역사회와 같이 기업의 생존에 직접적인 영향을 미치는 집단 – 이차적 이해관계자: 대중매체 또는 단체와 같이 기업과 거래관계를 형성하고 있지 않기 때문에 직접적인 영향을 미치지 않는 집단
Donaldson & Preston (1995)	정의 : 기업의 경영활동에 절차적 또는 실질적 측면에서 정당한 이해관계를 가지고 있는 개인이나 집단 – 일차적 이해관계자: 투자자, 종업원 및 공급자와 같이 기업의 자원 투입에 영향을 미치는 집단 – 이차적 이해관계자: 고객과 같이 자원의 생산에 영향을 미치는 집단
Casciaro & Piskorski (2005)	– 일차적 이해관계자: 기업과 명시적 계약 관계에 따라 상호의존적 관계를 맺고 있으며, 기업과 이해관계자 사이에 권력의 균형이 존재함 – 이차적 이해관계자: 기업과 암묵적 계약 관계를 있는 집단으로 기업과 이해관계자 사이의 상호 의존관계에 차이가 발생하여 이해관계자는 기업에 직접적인 영향력을 행사하지 못함
Hermann (2005)	– 내부이해관계자: 노동자, 경영자, 통제 기관, 내부 주주 – 외부이해관계자: 비즈니스 이해관계자 : 외부이해관계자, 고객(B2B & B2C), 공급자. 유통업자, 판매자, 전략적 파트너, 산업 협회 등 – 사회적 이해관계자: 공공기관, 매체, 정치단체, 교육기관, NGO, 노조 등

정부기관, 규제기관, 지역사회 등이 포함된다. 사회적 이해관계자들은 중장기적으로 기업이 생존하는 데 필요한 합법성을 부여한다는 측면에서 중요하다. 표 6은 이해관계자의 정의와 유형 구분 방식과 관련한 학자들의 다양한 주장을 정리한 것이다.

2. 이해관계자 이론

이해관계자 이론(Stakeholder Theory)은 미국 버지니아 대학의 에드워드 프리먼 교수가 그의 저서 "전략적 관리: 이해관계자 접근"에서 처음 제시하였다. 이 이론에서 프리먼 교수는 주주가 회사의 많은 이해관계자 중 하나일 뿐임을 설명하고 기업의 진정한 성공은 주주만이 아니라 소비자, 직원, 지역사회, 환경단체, 정부 기관 등 모든 이해관계자들의 이해관계를 만족시키는 데 있음을 강조하였다.

이러한 견해는 자본주의사회에서 기업이 관심을 가져야 하는 유일한 이해관계자는 주주라는 경제학자 밀턴 프리드먼(Milton Friedman)의 '주주 자본주의(Shareholder Capitalism)'에 기초한 사고와는 전혀 다른 주장이었다. 20세기 초 미국 기업의 형성과 발전에 중대한 영향을 미친 경제학자 프리드먼은 정부 개입이 없는 자유시장 시스템하에서 회사의 유일한 책임은 주주를 위해 경제적 가치를 창출하는 것이라고 믿었고, 이러한 믿음은 그의 주주 자본주의 이론을 형성하는 토대가 되었다.

이와는 대조적으로 에드워드 프리먼 교수는 기업환경을 이해관계자 그룹의 생태계로 표현하고, 이해관계자 모두를 회사를 장기적으로 건강하고 성공적으로 유지시키기 위해 고려하고 만족시켜야 하는 대상으로 정의하고 있다. 이와 같이 이해관계자 이론은 기업과 기업의 고객, 공급자, 직원, 투자자, 지역사회, 그리고 조직에 이해관계가 있는 개인이나 집단 사이의 상호 연결된 관계를 강조하는 자본주의 관점이다.

다양한 이해관계자들의 가치향상의 중요성을 강조하는 이해관계자 이론은 주주와 다른 이해관계자들의 이해관계를 상충 관계(Trade-off)로 정의하고 있는 주주 중심주의적 사고와는 대립되는 주장처럼 생각될 수도 있다. 하지만 이해관계자 이론 역시 다양한 이해관계자를 고려하는 경영활동이 결과적으로 주주 가치 향상에 도움이 된다는 주장을 제시하고 있다는 측면에서 두 관점을 양극단의 대립된 주장으로 보는 것은 옳지 않을 것이다. 오히려 기업이 지속가능성 확보를 위해 다양한 이해관계자들을 고려하는 장기적이고 폭넓은 관점에서의 전략 수립과 실행방식을 채택해야 하고, 이를 통해 주주 가치를 향상시킬 수 있어야 한다는 측면에서 두 이론 간의 관계는 설명될 수 있을 것이다. 아래의 표 7은 기업활동과 성과에 영향을 미칠 수 있고 영향을 받기도 하는 다양한 이해관계자들과 그들의 관심사항을 정리한 것이다.

표 7 다양한 이해관계자들과 그들의 관심사항

이해관계자	이해관계자 관심사항
정부(government)	세금, 부가가치세, 법률, 고용, 정직한 공시, 합법성, 외부효과
종업원(employees)	급여, 고용 안정성, 보상, 존중, 정직한 의사소통, 칭찬, 승인
고객(customers)	제품 가치, 품질, 고객관리, 윤리적 상품
공급자(suppliers)	제품의 공급사 및 협력사, 영업기회의 공정성
채권자(creditors)	신용 점수, 신규계약, 유동성
지역사회(community)	일자리, 참여 개입, 환경보호, 공유, 정직한 의사소통
노동조합(Trade Unions)	노동의 질, 근로자 보호, 일자리
소유자, 오너(owners)	수익성, 재직기간, 시점점유율, 시장에서의 지위, 승계 계획, 자본 조달
투자자(investors)	투자자본수익률, 투자수익

3. 이해관계자 관리

기업이 주주의 이해관계만을 우선시하는 경영을 실행할 경우에는 지속가능성을 획득하기 어려운 반면, 다양한 이해관계자들의 이해관계를 균형적으로 고려하는 경영활동은 기업의 경쟁력 강화와 가치향상에 도움이 될 수 있다. 하지만 기업이 보유하고 있는 자원은 한정적이기 때문에 모든 상황에서 모든 이해관계자들의 이해관계를 차별 없이 충족시켜주는 것은 현실적으로 매우 어려운 일이다. 따라서 기업은 이슈의 중요도를 평가하고, 각 이슈에 있어 우선적으로 고려해야 하는 이해관계자들과 그들의 이해관계에 대한 우선순위를 결정할 필요가 있다. 이를 위해 기업은 이슈별로 기업과 사회 환경과의 관계를 정의할 수 있어야 하며, 이에 기초한 '이해관계자 관리(Stakeholder Management)'를 실행해야 한다.

이해관계자 관리에 첫 번째 단계는 기업의 목표와 관련된 이해관계자들을 명확하게 정의하는 것이다. 두 번째 단계는 각 이해관계자들의 영향력을 평가하는 것이다. 이 평가를 통해 해당 이해관계자가 관리해야 하는 대상인지, 아니면 고려하지 않아도 되는 대상인지를 결정할 수 있다. 세 번째 단계는 관리의 구체적인 실행 방법으로서 중요 이해관계자들과의 커뮤니케이션, 즉 소통의 계획을 수립하는 것이다. 이해관계자들과의 소통과정에서는 합의와 협의의 방식을 통해 공동으로 의사결정을 진행하는 것이 효과적이다. 네 번째 단계는 기대 수준과 요구를 파악한 후 이들의 적극적인 참여를 유도하는 것이다. 추진하는 목표에 대한 우호적인 지지를 이끌어내기 위해서는 유효한 정보를 제공하고 관계를 돈독하게 만들기 위한 꾸준한 노력이 필요하다.

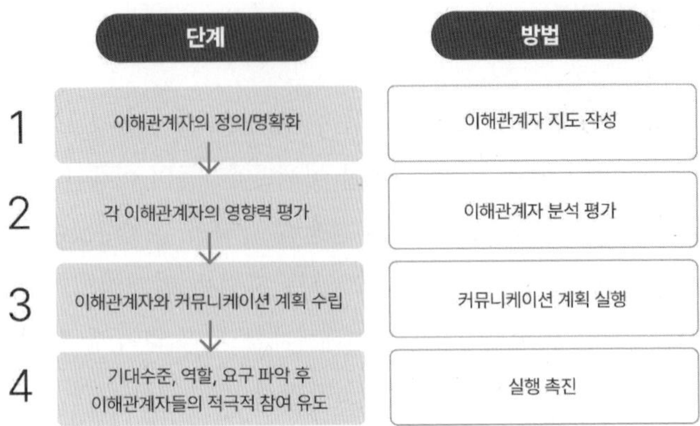

- 이해관계자에 대한 계획을 수립한 대로 지속적으로 실행
- 의견 개진, 공동의 의사결정 방식 참여 유도

그림 26 이해관계자 관리 절차

※자료: 치토스 이야기마당

ESG 전략 수립

제1절 | 경영 패러다임의 변화

1. 새로운 경영 패러다임의 등장배경

환경(environmental), 사회(social), 지배구조(governance)의 약자인 ESG는 기업의 비재무적 성과를 측정하는 지표로, 기업이 재무성과 외에 사회적 책임을 고려하여 지속가능성을 확보하기 위한 경영 패러다임이다. 변화된 기업환경에서 기업을 둘러싼 다양한 이해관계자들의 ESG 경영 요구가 잘 받아들여지지 않는다면, 이는 기업의 가치 향상과 비즈니스의 지속성에 상당한 리스크로 작용할 것이다. 이와 반대로 ESG에 대한 이해관계자들의 요구를 효과적이고 적극적으로 반영하는 경영을 실천하는 기업의 경우 제품과 서비스에 대한 고객들의 관심이 커질 뿐만 아니라, 투자가 확대되어 자본조달 비용이 감소하고 기업가치를 상승시킬 수 있을 것이다.

이것이 바로 현재 진행되고 있는 새로운 경영 패러다임이다. 이제는 기업이 재무성과뿐만 아니라 ESG와 같은 비재무적 성과를 함께 달성해야만 기업가치를 높일 수 있게 된 것이다. 기업들이 과거 ESG를 고려한 지속가능경영전략을 적극적으로 실행하지 않았던 이유는 인식이 부족했던 이유도 있지만 비용이 많이 들거나 고객의 가치기준이 기업의 환경과 사회적 책임까지 미치지 않아 당장의 매출을 기대하기 어려웠던 이유가 컸다. 하지만 지금은 거래기업과 소비자 등이 변화되면서 경영의 패러다임이 변화하고 있다. 아래에서는 이 같은 새로운 경영 패러다임으로의 변화를 이끌고 있는 핵심적인 환경요소들을 살펴본다.

첫째, 최근 선진국을 중심으로 규제가 강화되면서 ESG가 국가 간 무역 장벽이 되고 있다. 유럽연합(EU)은 '기업 공급망 실사(Due Diligence) 제도'를 도입하기 위해 EU집행위원회 차원의 '지속 가능한 기업 지배구조

법안'을 마련하였다. 그리고 공급망 실사제도를 시행하여 EU 시장에 진출한 기업들뿐만 아니라 EU 기업의 협력사들도 해당 기준에 맞춰 기후 변화와 인권과 같은 규정을 준수해야 하고, 공급망의 ESG 활동을 실사하여 보고하도록 하였는데, 이를 위반할 시에는 벌금, 피해 보상, 수입금지 조치 등 실효적인 제재를 부과한다는 내용이 포함돼 있다. 미국은 2022년 2월 초 바이든 대통령이 대외 의존도가 높은 반도체 칩, 전기차용 대용량 배터리, 희토류, 의약품 등 4대 핵심 품목에서의 공급망 위협요인에 대해 100일 동안 검토할 수 있도록 하는 행정명령(E.O.14005)에 서명했다. 그뿐만 아니라 EU와 마찬가지로 '탄소국경세'를 도입할 움직임을 보이고 있다. 탄소국경세는 온실가스 배출규제가 느슨한 국가에서 규제가 엄격한 국가로 물품을 수출할 때 발생하는 가격 차이를 보전하기 위해 세금 등 비용을 부과하는 무역제한 조치이다. 탄소 배출이 많은 국가에 일종의 페널티를 주는 것으로, EU가 오는 2023년 도입을 추진하고 있다. 미국 바이든 행정부는 탄소국경세 도입에 있어 신중한 모습이었지만, 기후변화 대응 차원에서 EU와의 공조를 통해 탄소국경세 도입에 속도를 낼 것이라는 전망이 나오고 있다.

둘째, 글로벌 공급망에서 소재 · 부품 · 장비 업체가 거래기업의 사회 · 환경 기준을 충족하지 못할 경우에는 거래 요건 자체가 성립되지 않아 협력사가 될 수 없을 것이다. 글로벌 기업들은 유엔 · 국제노동기구(ILO) · 환경 · 인권 규정을 바탕으로 공급망에 있는 기업들에게 행동 강령과 행동 수칙을 요구하고 있다. 이같이 거래하는 국내외 기업으로부터 ESG 활동이 미흡하다고 판단되면 협력사 선정에서 배제하거나 납품량이 축소되는 불이익을 받을 수 있기 때문에, ESG 경영에 소홀한 기업은 비즈니스상 직접적인 위협에 직면하게 될 것이다.

수년 전부터 BMW나 애플 등 전기 · 전자업계에서는 거래 상대 기업들에게 운영에 필요한 전력을 전부 재생에너지로만 충당하는 'RE100(Renewable

Energy100)' 이행을 요청해온 사례가 단적인 예다. 그 외 자동차 제조업체인 벤츠, 한국의 포스코 등도 자사의 생산 제품과 전 가치사슬 체계에서의 탄소 중립 목표를 수립하면서 주요 협력사 선정 시 탄소 배출량 등 ESG 거래 요건을 충족시키는 거래기업과 계약을 유지하거나 추진할 계획이라고 공표했다.

셋째, 기업규모에 상관없이 중소기업에도 ESG 경영활동이 요구되고 있다. 그간 ESG 경영은 중소기업에 비해 상대적으로 재무적 여건이나 물리적인 여건이 우수한 대기업들이 중심이 되어 목표를 수립하고 실천되어온 것이 사실이다. 하지만 앞서 지적한 바와 같이 대외적으로는 EU나 미국에서 공급망 실사 제도와 탄소국경세 등이 도입되었고, 한국에서는 중대재해처벌법이 시행되면서 중소기업을 대상으로 한 ESG 경영에 대한 압력이 높아지고 있다. 중소기업도 체질을 개선하고 경영방식을 변경해야 할 모멘텀이 커진 것이다.

따라서 대기업들은 물론 중소기업들도 이 같은 환경의 변화를 기회 요소로 활용하기 위해 체질을 개선하고, 지속 가능한 경영목표와 ESG 경영전략을 체계적으로 수립하여 실행해야 한다. ESG 경영전략 수립을 위해서는 먼저 기업의 ESG 수준을 진단할 필요가 있다. 기업 스스로 진단을 통해 강점과 약점을 파악하고, 기회요인을 발굴하며 주요 이해관계자들의 의견을 경청하면서 자사 경영전략에 ESG 경영 요소들을 통합하여 연계해야 하는 것이다. 이때 중요한 것은 ESG 요소를 고려한 전략이나 목표가 경제적 가치로 연결되지 않는다면 ESG 경영활동은 지속가능성을 갖기 어려울 수 있다는 것이다. 이는 기업이 비용을 들여 ESG 경영을 실천한다고 해도 경제적 가치를 창출하지 못한다면 ESG 전략은 장기간 지속적으로 실행되기 어렵기 때문이다.

2. ESG 경영 성공사례

글로벌 기업들의 ESG 경영 우수 사례로 알려진 마이크로소프트(MS), 파타고니아(Patagonia), 넷플릭스(Netflix)의 ESG 경영 사례들을 살펴보면 다음과 같다. MSCI(Morgan Stanley Capital International: 미국의 투자은행인 모건스탠리의 자회사로 1999년부터 ESG 평가를 실시해 왔으며, 현재 8,500여 개의 기업을 영역별 10개 주제, 35개 핵심 이슈로 평가해 AAA-CCC까지 7개의 등급을 부여)의 ESG 평가에서 2018년 6월 이후로 줄곧 AAA 등급을 받고 있는 기업은 마이크로소프트(MS: Microsoft)이다. 전국경제인연합회에서 국내 기업인을 대상으로 실시했던 설문조사에서도 ESG 경영을 가장 잘하는 해외기업으로 선정된 바 있는 MS는 2012년에 이미 탄소중립을 달성했으며, 더 나아가 탄소 흡수량이 탄소 배출량보다 높은 '탄소 네거티브(Carbon Negative)'를 2030년까지 달성하겠다는 목표를 제시하고 있다. 또한 MS는 기후문제 해결, 전 세계 공중보건 개선, 장애인의 접근성 향상, 아동보호 및 인권 증진, 문화유산 보존 등을 위해 인공지능(Artificial Intelligence: AI) 기술을 제공하는 'AI for Good' 프로젝트의 실행을 통해 사회문제 해결에 적극적으로 나서고 있다.

미국 아웃도어 브랜드 파타고니아(Patagonia)도 ESG 경영의 우수 사례로 많이 언급되는 기업 중 하나이다. 파타고니아는 2011년 미국의 최대 쇼핑 행사인 '블랙 프라이데이(Black Friday)' 때 "이 재킷을 사지 마세요(Don't buy this jacket)'"라는 캠페인을 진행하였다. 탄소와 각종 자원의 사용을 줄이기 위해 1년 중 가장 높은 매출을 올릴 수 있는 시기에 아이러니하게도 소비를 줄이자는 캠페인을 벌인 것이다. 파타고니아는 사람들이 불필요한 소비를 하지 않도록 오래 입을 수 있는 제품을 만들고자 노력하는 한편, 유기농 원료와 친환경, 공정무역 제품들을 재료로 활용해 환경오염이나 사회문제를 줄일 수 있는 생산방법을 택하고 있다. 또한 매년 매출의 1%를 '지구에 내는 세금'으로 지정하여 환경단체에 기부하는 등 모범적인

ESG 경영 사례를 보여주고 있다.

미국 온라인 동영상 서비스 기업 넷플릭스(Netflix)는 2017년 '포용'을 기업의 문화적 가치에 포함했으며, 2021년 1월에는 1차 포용보고서를 발표하였다. 이 보고서에서 넷플릭스는 직원의 성별과 인종별 비율을 공개하고, 앞으로도 히스패닉이나 라틴계 인재의 채용 비율을 높일 계획이라고 밝혔다. 또한 보유하고 있는 콘텐츠 305건의 등장인물과 제작진의 구성을 젠더, 성 소수자, 장애인 등의 기준으로 분석한 다양성 보고서를 발표하며 그간 소외되었던 계층의 목소리를 대변하는 콘텐츠를 늘리기 위해 '넷플릭스 창작발전기금'을 설립할 계획임을 발표하였다.

제2절 | ESG 전략수립과 정보공시

1. ESG 경영전략이란?

과거 기업의 유일한 목적은 경제적 이익의 달성이었다. 기업이 높은 수준의 이익을 달성하는 것이야말로 핵심 이해관계자인 주주의 이해관계를 충족시키고, 경제성장을 이끄는 원동력이었기 때문이다. 반면 기업활동에서 발생하는 환경 및 사회문제에 대한 해결방안은 정부가 제시해야 하는 공공 영역의 과제로 간주하는 경향이 있었다. 따라서 기업 경영의 목적은 시장 점유율 확대와 매출 증대 등을 통한 재무성과 향상과, 이에 기초한 주주 가치의 극대화였다. 하지만 급격한 산업화로 인한 사회 · 환경적 문제의 증가는 기업으로 하여금 좀 더 장기적인 관점에서 경제적 가치와 사회적 가치를 동시에 추구하며, 다양한 이해관계자들의 가치를 고려하는 전략을 수립하고 실행할 것을 요구하였다. 이러한 변화 속에서 기업의 경영전략 수립 방법 역시 기존의 방식과 달라지고 있다.

전략 수립과정에서 기업이 고려해야 하는 주요 이해관계자에는 재무적 이해관계자, 시장 이해관계자, 조직 이해관계자들이 포함된다. 기업의 전략은 해당 이해관계자들에게 나눠줄 수 있는 경제적 이익의 크기를 키우고, 주주의 이해관계를 우선시하는 방식으로 결정되었다. 그러나 4차 산업혁명 시대의 도래로 인한 정보 교류와 사회적 네트워크 강화는 기업과 상호작용하는 이해관계자들의 영향력을 강화시켰고, 그 범위 또한 확대시켰다. 기업의 전략적 의사결정 및 실행과 관련하여 주주나 고객, 경영자 및 종업원뿐만 아니라 지역사회, 정부, 공급자 및 경쟁자에 이르는 보다 다양한 이해관계자들의 이해관계를 균형적으로 고려해야 하는 환경 변화에 직면하게 된 것이다.

기업이 다양한 이해관계자들의 이해관계에 대해 전략적인 대응을 하지 못하면 기업은 경제적 이익을 극대화할 수 없으며, 지속가능성을 달성할 수 없다. 따라서 기업은 내 · 외부 이해관계자들과의 갈등을 해소하고 협력적인 관계를 구축할 수 있는 방안을 전략경영 과정 전반에 반영할 수 있어야 한다. 이같이 다양한 이해관계자들의 이해관계를 고려하는 전략 수립과 실행 방안이 이해관계자 자본주의 시대에서 지속가능성을 획득할 수 있는 기본 요건이 되고 있는 것이다.

그렇다면 ESG 경영전략이란 무엇일까? 'ESG 경영전략'은 ESG 관점에서 기업의 비전과 목표를 설정하고 이러한 목표를 달성할 수 있는 방법이나 과제, 실행 체계 등을 구축하여 일관되게 추진하는 것을 의미한다. 대부분의 기업들은 비전과 목표, 미션, 전략 등 경영 체계를 이미 갖추고 있다. 이를 ESG에 맞춰 재설계하는 것이 필요한 것이다. ESG 경영 목표 달성을 위한 전략과 실행 과제들은 각 기업별 특성과 상황에 따라 여러 가지를 생각해 볼 수 있는데, 우선 ESG 규제에 대응해야 하고, ESG가 기업의 투자나 자금조달에 미치는 영향을 파악해야 할 것이다. 또한 ESG 테마의 M&A를 고려해 볼 수도 있고, 신기술을 ESG와 접목시켜 비즈니스 혁신을 모색할 수도 있을 것이다. 예를 들어 Google은 AI 기술을 적용하여 클린 에너지 활용을 극대화하는 신재생에너지 사업 모델을 진행 중에 있고, 애플은 로봇을 이용해 아이폰을 분해하고 재활용하는 순환 경제 모델을 개발하고 있다. 마지막으로 지속가능 경영활동과 결과를 보고하는 것도 ESG 경영전략의 중요한 실행 과제라고 할 수 있을 것이다.

2. ESG 전략수립 과정의 핵심 요소와 과정

사실 ESG 경영 패러다임으로의 전환기에 직면한 기업들의 대응방식을 보면 전략적 요소가 빠지고 단순히 ESG 요인들을 검토해 보거나 외부 기관의 ESG 평가 대응에만 집중하는 경우를 어렵지 않게 찾아볼 수 있다. 물론 기업을 둘러싼 ESG 요인들을 하나하나 점검해 보고 스스로 진단해 보는 것도 의미가 있는 일이지만, 이를 장기적으로 지속하려면 사회가 요구하는 ESG 방향을 명확하게 이해하고, 자사의 핵심역량을 기반으로 고객 가치에 영향을 줄 수 있는 방안을 전략적으로 마련할 수 있어야 할 것이다.

ESG는 결국 경영전략이며, 기업의 입장에서는 ESG 요인을 기업 전략에 통합하는 것이 중요하다. 그리고 공급망에서 발생하는 환경 요구 사항과 사회적 문제를 사전에 예방하고 최종적으로 고객의 가치를 높이기 위한 전략적 의사 결정이 필요하다. 이를 위해 기업들은 ESG 경영을 추진하는 부서와 사업전략을 담당하는 부서 간의 유기적인 연계와 협업체계를 구축할 필요가 있다. 기존의 경영 목표 및 전략과 ESG 경영의 요소들은 별개가 아니라 통합적인 전략의 형태로 구현되어야 하며, 조직, 부서, 개인의 성과를 평가하는 모든 수준에서 ESG 경영요소들이 반영되어야 한다. 또한 기업에서 ESG 경영이 지속적으로 실천되도록 하기 위해서는 최고경영자를 비롯한 이사회에서 ESG를 정기적으로 논의하고 전담부서를 배치해 목표 이행 단계별 진행 상황을 점검하고 환류할 수 있어야 한다.

ESG 경영 선포, ESG 위원회 설치, 친환경 사업 확대, 사회적 기여 강화 등 산업계에서는 하루에도 수십 건, 수백 건씩 ESG 관련 소식이 쏟아지고 있지만, 많은 기업이 여전히 ESG 전략을 수립하는 데 있어 어려움을 겪고 있는 부분을 볼 수 있다. 이 같은 현상을 통해 각자의 기업에 맞는 '맞춤형 전략'을 수립한다는 것이 만만치 않은 일임을 알 수 있는데, 이와 관련하여 이하에서는 성공적인 ESG 전략수립을 위한 핵심 요소와 과정에 대해 구체적으로 살펴보도록 하겠다.

2.1 목표 설정

ESG 전략을 성공적으로 수립하기 위해서는 먼저 자사의 현재의 ESG 수준을 진단하고 이에 기초한 목표를 설정해야 한다. 이와 관련하여 로열더치셸은 비즈니스 모델을 분석한 뒤 미래지향적인 중장기 ESG 전략을 성공적으로 수립했던 대표적인 사례이다. 글로벌 에너지 기업 로열더치셸은 '친환경'이라는 메가 트렌드로 인해, 그간 전통에너지에 치중했던 사업 포트폴리오를 바꿔야 하는 과제에 직면하게 되었다. 그리고 이에 통해 증가하는 에너지 수요를 충족하는 동시에 탄소배출권 규제 요구에 부응해야 했다. 로열더치셀은 결국 2050년까지 글로벌 기후 변화에 대응하기 위한 장기적인 전략을 수립하기로 하고, 다음과 같은 2가지 '전략'을 수립했다. 첫째, 성공적 에너지 전환으로, 깨끗하고 안전한 에너지를 생산하는 것. 둘째, 사회에 긍정적 영향을 끼치는, 이른바 '사회적 책임'에 충실하겠다는 것이다. 이를 위해 액화천연가스(LNG) 비중을 높이는 쪽으로 제품 포트폴리오를 변경하고, 풍력, 태양열 등 대체에너지 기업 M&A에 적극적으로 나서며 산림 프로젝트에도 뛰어드는 쪽으로 방향을 선회했다.

ESG 전략을 세우는 첫걸음은 기업의 경영활동을 포괄적으로 파악하는 것이다. 이를 위해 기업은 첫째, 사회 · 환경 · 경제적 측면을 통합적인 관점에서 바라볼 수 있어야 한다. 둘째, 투입과 산출 개념에서 더 나아가 결과와 그 영향까지 고려할 수 있어야 한다. 셋째, 과정을 통해 기업활동의 결과를 내외부 이해관계자들과 소통하기 위한 측정을 실행해야 한다. 마지막으로 새로운 대안을 평가하고 더 나은 비즈니스 의사 결정을 돕는 관리 과정이 필요하다. 기업은 ESG 경영이 회사 평판에 어떤 영향을 미치는지, 투자자들이 어느 수준으로 ESG 경영을 요구하는지, 회사 역량 수준에서 얼마만큼 구현이 가능한지 등을 면밀하게 살펴봐야 한다.

2.2 가치사슬 전 과정에서 ESG 전략 포함

성공적인 ESG 경영 체계로의 전환을 위해서는 기업 가치사슬(Value Chain) 활동 전반에 전략이 스며들어야 한다. 예로 가치사슬상의 제품개발 단계에서 고려해야 할 환경 요인은 재사용이 가능한 제품을 개발할 것인지에 대한 의사결정일 것이다. 또한 사회책임 관점에서 소외된 계층이 사용할 수 있는지, 지배구조 관점에서 지식재산권 보호 이슈는 없는지 등 'ESG'와 관련한 요소들을 종합적으로 전략의 수립과정에서 검토해야 한다.

이 같은 관점에서 'ESG 필터(ESG Filter)'의 개념은 기업이 전략수립의 과정에서 이해관계자 관점을 수용하는 데 도움이 될 수 있을 것이다. **그림 27**에서 볼 수 있는 것처럼 기업의 미션, 비전, 전략과 전술은 3가지 포괄적 제약요인을 가진다. 첫째, 기업 행동에 대한 한계는 기업의 생산능력을 결정하는 인적자원, 사회적 자본과 재무적 자본과 같은 자원에 의해 영향을 받는다. 두 번째 제약요인은 기업의 문화를 형성하는 기업의 정책인데, 그러한 정책은 다른 제한 요소들에 비해 상대적으로 쉽게 변화되는 융통성을 가질 수 있기 때문에 그림에서 점선으로 표현되었다. 마지막으로

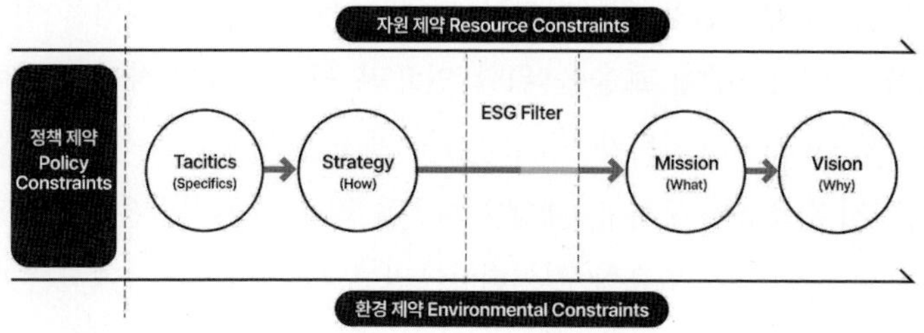

기업의 비전과 사명을 달성하기 위한 지속 가능한 노력은 조직 정책 및 외부 환경 제약 내에서 CSR 필터를 통해 평가되는 전략과 전술에 달려 있다.

A sustainable effort to attain a firm's vision and mission depends on a strategy and tactics that are evlauated through the CSR Filter within the organizational policy and external environmental constraints under which the firm must operate.

그림 27 ESG 필터

기업의 외부환경 제약요인은 사회문화적 · 법률적 그리고 시장과 기술 영향과 같은 외부요인의 복잡한 상호작용에 의해 생성된다.

이러한 제약요인들이 합쳐져서 기업의 비전 및 목표 달성에 영향을 미칠 수 있는 전략과 전술에 영향을 미친다. 따라서 미션, 비전, 전략, 전술 간의 연계에만 초점을 맞추는 것은 변화된 기업환경에서 목표 달성을 위해 충분하지 못하다. 주어진 상황에서 전술과 전략적 행위들은 이해관계자들에 미치는 영향에 대한 ESG 필터를 통과해야 한다. 즉 이해관계자들에게 수용될 수 있어야 하는 것이다.

이해관계자들의 이해관계에 반하는 전술 및 전략적 행위들은 기업에 손실을 초래할 수 있고, 극단적인 경우에는 기업을 파산으로 몰고 가거나, 적어도 지속 가능한 경쟁우위 달성을 저해할 수 있는 중대한 위협이 될 수 있다. 따라서 기업은 가치사슬 활동의 수행을 위한 전략과 전술의 결정과정에서 ESG 경영관점의 요소들을 충분히 고려하고 반영할 수 있어야 할 것이다.

기업은 각각의 가치사슬 활동에서 ESG 경영 실천을 위한 전략적 요소들을 활용하여 경쟁우위를 획득할 수 있다. 예로 구매 단계에서는 공급사에

재생에너지 100% 활용 의무화를 부여하는 식으로 환경 경영을 실천할 수 있을 것이다. 구매 효율을 위한 인프라 구축과 윤리적인 공급처를 찾는 일도 중요한 포인트가 될 수 있다. 제조 단계에서는 생산과정에서 재생에너지 활용을 추구하고, 재활용 자원을 적극 사용하며 운영 효율성을 높이는 환경 전략이 필요할 것이다. 그리고 사회적인 관점에서는 인력관리가 중요한 포인트가 될 것이다. 초과 근로는 없는지, 교육과 훈련은 적절한지, 인센티브는 공정하게 제공되고 있는지 등을 챙겨야 한다. 물류 단계에서도 자원 재활용을 높이는 것은 기본일 것이다. 또한 친환경차를 통한 이동이 적극적으로 권장될 수 있을 것이다.

2.3 경영진과 실무진의 맞춤형 관리

ESG 경영이 일회성에 그치지 않고 지속 가능하도록 만들기 위해서는 현장 실무자로부터 경영진에 이르기까지 모든 조직체계 내에서의 체계적인 운영이 필수적이다. 이를 위해 경영진과 실무진의 역할 분담을 확실하게 해야 하는데, 이사회와 경영진의 경우 ESG 의사결정기구로서의 역할을 충실하게 수행해야 한다. 즉 ESG 경영을 위한 원칙, 체계, 절차 등을 정립해 조직 내에서 자연스럽게 실행되고 유지되도록 해야 하는 것이다. 이때 중요한 것은 전사적 차원의 ESG 관리체계를 구축하는 것인데, 영역별로 ESG 체크리스트를 만든다거나 실효성 있는 피드백 체계를 갖추는 것 등이 여기에 해당한다. ESG 운영체계가 완성되면 지속 가능성에 영향을 미치는 이슈 또는 변화 사항을 조기에 인지해 선제적으로 대응하거나 사후적으로 대응해 정상적인 경영활동으로 빠르게 회복하는 것이 가능해진다.

현장에서는 실무진이 일하는 방식이나 과정, 시스템 변화를 통해 ESG 경영이 잘 이뤄질 수 있도록 하는 관리가 필요하다. 특히 ESG 활동에 대한 측정과 평가를 통해 구성원들이 성과를 눈으로 직접 확인하고 조직문화에 자연스럽게 녹아들게 만들 필요가 있다. 이는 ESG 경영이 생산 과정에서 일회성에 그치지 않고 지속적으로 유지되도록 하는 효과를 만들어 줄 수 있다. 구성원이 기업 ESG 목표를 명확하게 인식할 수 있도록 구체적인 컴플라이언스나 윤리강령을 마련하는 것도 좋은 방법이다. 특히 해외 진출이 어느 정도 진행된 기업의 경우 글로벌 수준에 맞는 ESG 정책이나 점검 체크리스트, 비즈니스 에티켓 등을 통해 ESG경영을 한 단계 업그레이드 할 수 있어야 한다.

2.4 성과 모니터링

모든 경영활동과 마찬가지로 ESG 경영에서도 성과 측정과 분석이 필수적이다. 그리고 이때 보다 정확한 분석을 하기 위해서는 ESG 경영이 외부에 미치는 영향과 환경변화가 기업의 재무성과에 미치는 영향을 함께 측정할 필요가 있다. "ESG 경영활동이 환경 · 사회에 미치는 영향은 무엇인지", "해당 영향도를 어떤 기준으로 어떻게 정량화해야 하는지" 등이 내부에서 외부에 미치는 영향을 측정할 때의 핵심 포인트라면, "잠재적 환경 변화에는 어떤 것들이 있고 해당 변화로 인해 가장 타격을 받는 사업 영역은 어디인지", "리스크 최소화를 위해 어떤 조치를 취하고 이해관계자들에게 어떻게 전달해야 하는지" 등은 외부에서 내부에 미치는 영향을 모니터링 할 때의 핵심 포인트들이다. 기업의 ESG 경영이 초래하는 긍정적 또는 부정적 영향을 인지하고, 이를 구체적인 의사결정에 반영하기 위한 일관성 있는 정량화 작업은 ESG 경영의 성공을 통한 지속가능성 확보를 위해 매우 중요한 요소이다.

2.5 투명한 정보 제공

ESG 경영활동의 결과를 측정하고, 보고서 형태로 보고하며, 지속적으로 피드백하는 과정이 필요하다. 신뢰성 있는 양방향 평가와 보고서 작성과정에서 기업이 부족한 점을 확인하여 보완한 다음 다시 앞선 과정부터 계속 반복한다면 ESG 경영 수준을 지속적으로 발전시켜 나아갈 수 있을 것이다. 이때 보고서 작성은 '보고서 기획 → 평가 · 공시 항목 스크리닝 → 중대성 평가와 목차 도출 → 데이터 취합과 작성 → 검증 · 디자인 · 번역'의 5단계 과정을 통해 이뤄진다.

보고서 기획 단계에서는 내외부 환경을 분석해 보고서 발간 계획을 수립한다. 지속 가능 경영 이슈 풀을 구성하는 것도 이 단계이다. 다음으로는 주력할 이니셔티브를 선정하고 평가 항목을 분석하는 과정이 필요하다. 이때 한국형 ESG 가이드라인인 K-ESG와 글로벌 보고서를 벤치마킹하는 것이 도움이 될 수 있다. 기업의 핵심적인 ESG 이슈를 발굴하는 도구인 중대성 평가에서는 사회적 관심도와 사업 영향도를 측정하여 중요 이슈들을 도출하고, 이를 기반으로 목차를 구성한다. 예로 코웨이는 국내외 표준분석, 글로벌 벤치마킹, 내부자료 검토, 이해관계자 설문조사, 미디어 리서치 등을 실시하여 중요한 이슈를 도출하고 있다. 그리고 도출된

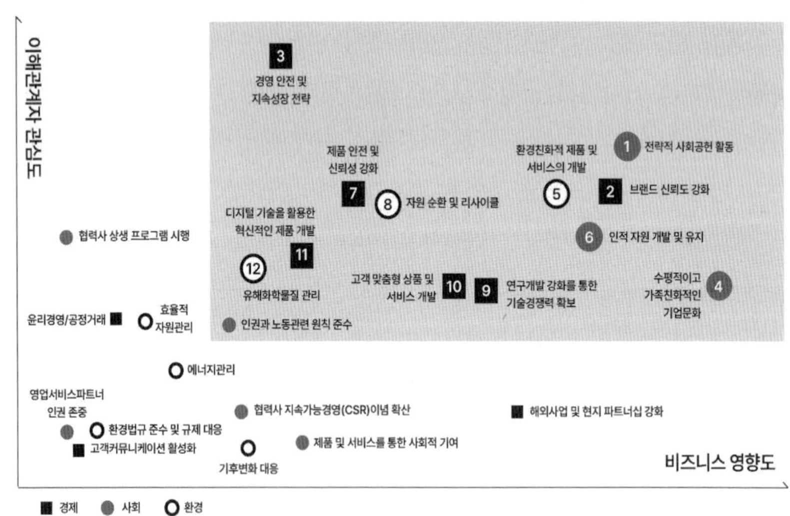

그림 28 중대성 평가

37개 이슈를 바탕으로 비즈니스 및 이해관계자의 연관성을 고려하는 중대성 평가를 실시하고, 중대성 평가 결과를 바탕으로 기업의 지속가능성과 관련한 가장 중요한 이슈를 선정하며, 각 이슈에 대한 사업 연관성, 주요 활동 및 성과를 보고하고 있다. 보고 시에는 '비즈니스에 대한 영향'과 '이해관계자가 고려하는 중요도'를 각각 X축과 Y축으로 놓고 다양한 이슈를 4사분면 위에 위치시키며, 이 두 가지 측면 모두 높게 평가된 1사분면에 위치한 이슈들을 중심으로 선별한다.

중대성 평가와 목차 도출이 완료되면 본격적인 데이터 취합과 작성 과정으로서 템플릿을 바탕으로 보고서 작성 가이드를 제작한다. 이 과정에서 현업 부서들과의 인터뷰와 전사 교육 등이 이뤄진다. 마지막으로 검증 단계에서는 기업 외부의 제3자를 통해 보고서 내용과 디자인을 검수하여 객관성을 확보할 수 있도록 한다.

3. 정보공시

3.1 경영전략과 정보공시

기업들은 기업가치 제고를 위해 재무적 관점에서 크게 두 가지 경영활동을 전개해왔다. 첫 번째 경영활동은 경영전략 수립이다. 수립한 경영전략을 실행하여 기업은 기술 혁신, 제품 · 서비스 혁신, 조직역량 강화와 투자 등을 통해 매출과 이익 극대화를 달성해왔다. 두 번째는 이러한 경영전략 활동에 따른 경영성과를 재무제표를 통해 자본시장에 공시하는 것이다. ESG 경영에서도 마찬가지로 두 가지 경영활동이 요구된다. 첫째는 ESG 관점에서 경영전략을 수립하고, 둘째는 ESG 성과를 지속가능경영 보고서 공시 등을 통해 시장 이해관계자들과 커뮤니케이션 하는 것이다. 즉 ESG 경영이란 결국 'ESG 경영전략'과 'ESG 정보공개'로 구분될 수 있고, 이러한 ESG 경영활동을 통해서 기업가치를 제고하는 개념인 것이다.

그렇다면 ESG 경영활동의 또 다른 한 축인 ESG 정보 공개란 무엇일까? ESG 정보공개는 투자자 관점에서 기업의 ESG 정보를 지속가능경영 보고서에 효과적으로 반영하여 자본시장에 공시하는 것이다. 세부적으로 기업이 당면하고 있는 ESG 리스크가 기업가치에 미치는 영향을 분석하고, 이에 대한 대응 방안을 지속가능경영 보고서에 반영하여 공시해야 한다. 앞으로 점점 더 많은 투자자들이 ESG 정보가 반영된 기업의 지속가능경영 보고서를 참고하여 투자의사결정을 하게 될 것이다. 글로벌 선도기업들의 지속가능경영 보고 비율은 지속적으로 상승하는 추세이다. 한편 지속가능경영 보고서에 대한 내용을 제3자에게 인증받는 경우도 매년 증가하고 있다. 물론 이는 글로벌 리딩 기업이나 각 국가의 매출 상위 기업에 해당되며, 아직까지 지속가능경영 보고서를 작성하지 않는 기업들이 훨씬 더 많다. 그러나 앞으로는 다양한 이해관계자들의 요구로 인해 대기업뿐만 아니라 더 많은 중소 · 중견 기업들도 지속가능경영 보고서를 준비해야 할 것이다.

3.2 정보공시 기준

그렇다면 기업들은 어떤 기준에 따라 지속가능경영 보고서를 작성해야 할까? 지속가능경영 보고서 작성의 경우 공통된 지표 개발에 대한 논의가 있으나, 전 세계적으로 아직까지 통일된 기준이 있는 것은 아니다. 지속가능경영 보고서 작성을 위해 기업들이 주로 참고하는 글로벌 가이드라인으로는 GRI Standards, SASB Standards, TCFD 권고안, ISO26000, WEF의 '이해관계자 자본주의 공통지표' 등을 꼽을 수 있다. 또한 국내기업 환경과 특성을 반영하여 정부부처들이 합동으로 발표한 K-ESG 가이드라인도 ESG 전략 수립과 지속가능경영 보고서 작성을 위한 가이드라인으로 활용되고 있다.

사실 기업이 지속가능경영보고서를 작성할 때는 하나의 가이드라인만 참고하는 것은 아니다. 예를 들어 TCFD나 ISO 등은 기업이 지속가능성을 달성하기 위해 필요한 이사회와 경영진의 역할이나 리스크 관리체계 등 주로 실행적인 측면에서의 정보 공개를 요구하고 있다. 반면, GRI나 SASB 같은 경우 지속가능경영보고서 공시에서 사용되는 구체적인 성과 지표에 대한 가이드라인에 초점이 맞춰져 있다. 또한 글로벌 가이드라인들의 공통요소들과 함께 국내 기업환경의 특성적인 요소들을 반영하여 맞춤형으로 작성된 K-ESG도 글로벌 가이드라인들을 보완하기 위해 활용되고 있다. 따라서 기업의 지속가능경영보고서는 실행 체계와 성과 지표에 대한 가이드라인을 종합하여 구성하는 것이 일반적이다.

과거 지속가능경영보고서는 자사의 비즈니스 모델이 환경과 사회에 어떠한 영향을 미치는지에 초점이 맞춰졌다면, 최근에는 환경 · 사회적 영향이 자사의 재무 성과에 어떠한 영향을 미치는지 파악하도록 요구되고 있다. 즉, ESG 정보공시는 자사의 재무적 영향과 연계되어 점차 고도화되는 추세인 것이다. 한편 각각의 ESG 정보 공개 표준/이니셔티브가 제시하는 지표들은 매우 다양하기 때문에 어떤 지표들은 특정 기업이나 특정 산업에만 적용되는 지표일 수 있다.

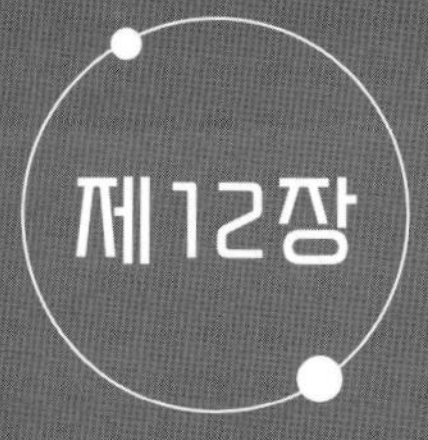

ESG 전략 실행

제1절 | ESG 경영의 실행 방식과 체계

1. 기업의 역할과 수행 방식의 변화

이해관계자 자본주의 시대의 도래가 불러온 경영 패러다임의 변화는 기업의 역할 및 책임과 함께 이들을 수행하는 방식까지도 변화시키고 있다. 이제는 한두 개 부서의 역할이나 활동 관리 수준에서 기업의 사회적 책임활동과 ESG 전략 실행이 이뤄질 수 없다. 또한 비즈니스의 경쟁력을 강화하기 위해서 법률과 규제 준수 측면에서 반드시 해야 하는 경영활동뿐만 아니라, 새로운 고객이나 투자자를 유치할 목적으로 프로세스를 개선하거나 제품을 개발하는 활동까지 이뤄져야 한다. 즉 ESG 경영이 크게 두 축, 리스크 관리와 기회 활용의 관점에서 이뤄질 필요가 있는 것이다. 사회가 요구하는 기업의 역할과 책임, 그리고 기업의 성장을 통한 가치 창출이 ESG 경영에서 가장 중요한 맥락이고, 이를 위해 얼마나 선제적으로 비즈니스 성장전략(Growth Strategy)과 경영 관리전략(Management Strategy)을 상세하게 수립하고 운영 관리하는지가 ESG 전략 실행의 가장 중요한 성공요인이라고 볼 수 있다.

ESG 경영을 한다는 것은 모든 부서가 고객, 투자자, 정책 등에 영향을 받아 비용 효율성 관점과 제품 자체의 품질경영에 집중된 기존의 의사결정 기준 및 성과평가의 기준들을 균형 있게 바꾸어 가는 과정을 의미한다. ESG 경영을 도입하거나 고도화하는 기업은 비즈니스를 통한 가치 혁신에 대한 이해와 그 기업만의 ESG 경영의 중점영역 등에 대한 명확한 정의가 반드시 필요하다. CEO의 의지, 중장기적 비즈니스 경영전략에 대한 개념, 리더십-실무와 사업장-본사 등의 역할과 기능, 유기적인 성과관리 등은 가장 우선적으로 검토해야 하는 요소들이다.

성공적인 ESG 전략 실행을 위해 리더십(leadership)과 조직 및 통제 시스템의 구축은 매우 중요한 요소인데, 이와 관련하여 모든 주요 부서/기능별 조직문화, 일하는 방식, 성과목표 및 관리에 ESG 경영관점을 내재화하는 것이 매우 중요하다. 한편 최고경영진과 이사회가 주도하는 ESG 거버넌스를 구축하는 것도 전략 실행을 위한 중요한 요소이다. 이제 기업의 ESG 정보는 투자자뿐만 아니라 공급망, 정부 규제기관, 임직원, 고객 등 기업 내외부의 다양한 이해관계자가 주목하는 이슈이기 때문에, ESG 경영 관리가 제대로 이루어지지 않으면 기업의 생존 자체가 크게 위협받을 수 있다. 또한 ESG 전략은 리스크 관리 차원을 넘어 미래 기업의 새로운 가치 창출(Value Creation) 도구로서도 활용될 수 있다. 민첩하고, 선제적이며 일관성 있는 의사결정이 필요하므로, 최고경영진과 이사회의 주도하에 ESG 이슈가 관리되어야 한다.

2. ESG 경영 실행체계의 구축 및 활용

ESG 전략을 수립하고 실행하기에 앞서 먼저 해야 할 일이 있다면, ESG 경영을 위한 구체적인 실행체계를 구축하는 것이다. ESG 실행체계는 일반적인 경영의 실행체계와 크게 다르지 않으며 일반적으로 '비전체계', '실행체계', '개선 및 지속 체계'로 구성된다.

첫 번째, '비전체계'는 ESG 경영을 실행하는 모든 이해관계자들에게 우리 회사가 지속가능경영을 실행하는 이유, 즉 왜 하는지, 무엇을 위해 하는지, 어떤 방향을 향해가야 하는지를 알려주는 나침반과 같은 역할을 하는 체계이다. 비전체계는 목적, 미션, 비전, 핵심가치 등으로 구성된다. 기업의 존재 이유와 비전을 ESG 기준에 맞춰 재정립하고, 기업의 재무성과와 비재무성과를 통합하는 새로운 목표를 수립해야 한다.

두 번째로, 실행체계는 ESG 경영의 비전체계를 실제 실행으로 옮기기 위한 목표, 전략, 활동 아이템, 일정, 실행조직에 대한 구체적인 체계이다. 여기서 목표는 비전체계를 달성하기 위해 구체적인 과업 목표를 제시하는 것으로서 기간상으로는 단기, 중기, 장기로 구분할 수 있고, 영역별로는 환경Ⓔ과 사회Ⓢ 등으로 구분하여 제시할 수 있다. 다음으로 전략은 목표를 달성하기 위한 구체적인 방법을 제안하는 것이다. 그리고 활동 아이템은 목표와 전략을 수행하기 위한 구체적인 프로젝트와 프로그램을 의미한다. 일정은 활동 아이템을 실행하는 시간 계획이며, 실행조직은 활동 아이템을 실행할 부서나 담당자를 말한다.

셋째, 개선 및 지속체계는 ESG 실행체계와 비전체계에서 제시한 목적과 비전을 달성하기 위한 전략들과 경영활동들이 올바르게 실행되고 있는지, 또는 결정한 비전체계가 올바른 방향인지를 점검하는 체계로 성과 측정 및 평가, 개선, 지속과 확산 등으로 구성된다. 성과 측정 및 평가는 ESG 경영 실행체계에 대한 모니터링, 성과 측정, 성공과 실패의 판단기준 등을 말하며, 개선은 성과 측정 및 평가과정을 통해 도출된 잘못된 점과 부족한 점 등의 개선과제를 실제 개선하는 내용이다. 마지막으로 지속과 확산은 개선을 통해 보완된 지속가능경영 실행체계의 프로젝트와 프로그램 등을 지속 또는 종결, 혹은 범위를 확산하는 것을 말한다.

이렇게 ESG 경영 실행체계는 구조 자체가 복잡하지는 않지만 각각의 구성요소를 만들고 실행하는 것이 만만치 않은 방대한 구조로 이루어져 있다. 따라서 기업의 실무자들은 이 실행체계 전체를 구축하기보다는 우선 실행 아이템을 중심으로 접근하는 경우가 많다. 하지만 그와 같은 방식으로는 ESG 전략들을 효과적으로 실행하기 어렵다. 물론 ESG 경영 실행체계를 제대로 갖추지 않았다고 해서 ESG 전략을 실행하지 못하는 것은 아니다. 하지만 체계 없이 일하는 것은 어느 순간 한계에 부딪치게 되고, 올바른 방향으로 가고 있는지 확인할 수 없기 때문에 결국 출발점으로 돌아와 다시 체계를 잡아야 하는 일이 발생할 수 있다.

3. 사례: 유니레버 USLP(Unilever Sustainable Living Plan)

전 세계 전문가들이 매년 서베이를 통해 글로벌 지속가능성 이슈와 지속가능경영을 잘하는 기업과 NGO/NPO 등을 선정하는 〈Sustainability Leaders〉에서 유니레버는 2011년 이후 현재까지 기업 분야 1위 자리를 놓치지 않고 있다.

유니레버가 지난 11년 동안 ESG 경영을 가장 잘 실천하고 있는 회사로 인정받고 있는 이유는 바로 USLP의 훌륭한 체계와 완성도 때문이다. USLP는 2010년 당시 유니레버의 CEO였던 폴 폴먼(Paul Polman, 2009~2018 재임)이 제시한 유니레버의 지속가능경영 실행체계이다. 2010년 최초 발표 이후 여러 차례 업그레이드를 거쳐 현재 〈USLP Compass〉로 이어지고 있다. 2010년 발표 당시에는 2020년까지 10년 동안 '고객가치', '환경', '사회' 등 3대 영역에서 달성해야 할 목표를 중심으로 체계가 구성되었다면 이후 비즈니스 전략과 결합된 형태로 만들어졌고, 2016년에는 2015년에 발표된 UN SDGs를 결합한 형태로 체계화되었다. USLP의 1단계 목표 기간이었던 2020년이 지난 후 10년 동안의 USLP 실행성과를 발표한

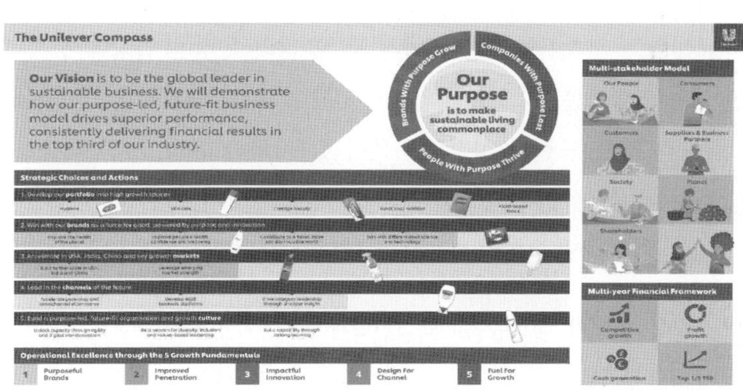

그림 29 2021 USLP Compass 1

※자료: https://www.unilever.com/files/92ui5egz/production/16cb778e4d31b81509dc5937001559f1f5c863ab.pdf

그림 30 2021 USLP Compass 2

※자료: https://www.unilever.com/files/92ui5egz/production/16cb778e4d31b81509dc5937001559f1f5c863ab.pdf

후 2021년 〈USLP Compass〉를 제시했다.

〈USLP Compass〉의 구조를 보면 목적, 비전, 전략적 선택과 실천활동, 이해관계자 모델, 2030 3대 전략영역과 8대 실행과제, 우선 가치, 운영방식으로 구성되어 있다. 이와 같은 구성요소들을 하나씩 살펴보면 다음과 같다.

▮목적 & 비전

유니레버는 지속가능경영의 '목적'을 "우리의 목적은 일상에서 지속가능한 생활을 만드는 것"으로 정의하고 있으며, 이를 구체화한 하위 개념으로 ① 목적 있는 브랜드 성장, ② 목적 있는 회사 달성, ③ 목적을 가진 사람들의 확산을 제시하고 있다. '비전'은 "우리의 비전은 지속가능한 비즈니스의 글로벌 리더가 되는 것입니다."로 제시하고 있다.

▮전략적 선택과 실천활동: 핵심전략과제

일반적으로 '핵심전략과제'로 불리는 '전략적 선택과 실천활동'에서는 ① 5대 주요 사업영역 고성장, ② 목적과 혁신에 힘입어 굿 브랜드 입지 달성, ③ 미국, 인도, 중국 및 주요 시장에서 성장 가속화, ④ 미래 채널

선도, ⑤ 목적 중심의 미래지향적인 조직과 성장 문화 구축을 제시하고 있다.

유니레버는 일반경영 전략체계와 지속가능경영 전략체계를 각각 별도로 가지고 있는 것이 아니라 하나로 결합하고 있다. 따라서 핵심 전략과제에 비즈니스의 성장 목표와 더불어 지속가능경영의 목표도 함께 제시하고 있다.

▌이해관계자 모델: 이해관계자 추구 가치

ESG 경영은 '기업의 비즈니스 가치사슬 전체의 모든 이해관계자들과의 관계에서 발생하는 사회, 환경적 이슈를 효과적으로 관리(부정적 영향은 최대한 줄이고 긍정적 영향은 최대한 확대하는)하는 것'이라 정의할 수 있다. 이 같은 관점에서 지속가능경영 전략체계를 수립할 때 회사의 이해관계자를 정의하고 이해관계자별 추구 가치를 제시하는 것이 당연히 필요하다. USLP는 지속가능경영의 정의에 따라 이해관계자 모델을 전략체계 내에 중요한 위치에 자리 잡게 하고 각각의 이해관계자별로 달성해야 할 가치를 제시하고 있다.

▌3대 전략 영역과 8개 실행과제

USLP는 지속가능경영을 3대 전략 영역과 8개 실행과제 영역으로 나누어 각 영역별로 구체적인 목표를 제시하고 있다. 3대 전략 영역은 환경, 고객가치, 사회 영역으로 구성되어 있다. 국내 기업들은 지속가능경영 전략체계를 E · S · G 영역으로 구분해서 제시하는 경우가 많은데, 외국 기업들은 E · S 영역에서는 전략 목표를 제시하고 G에서는 그렇지 않은 경우가 많다. 이는 지배구조는 달성해야 할 목표가 아니라 기본적이고 상식적인 운영원칙으로 생각하고 있기 때문이다. 그래서 USLP도 지배구조 이슈는 가장 아랫단에 기본 운영원칙으로 제시하고 있다.

환경영역과 실행과제

USLP의 환경영역목표는 〈기후행동(온실가스)〉, 〈자연 보호 및 재생(생태계 보호)〉, 〈쓰레기 없는 세상(폐기물 관리)〉 등 3가지 실행과제 영역으로 구성되어 있다. 또한 각각의 영역에는 구체적인 목표가 제시되어 있다.

예를 들면 온실가스 영역의 첫 번째 실행 목표는 "2039년까지 소싱에서 판매시점까지 모든 제품의 순배출 제로 달성"이다. 이와 같이 지속가능경영을 잘하는 글로벌 기업들을 보면 매우 구체적인 목표를 제시하고 있는 것을 볼 수 있다. "언제까지 어느 범위 내에서 무엇을 어떻게 얼마만큼 늘리고/줄이겠다"는 방식으로 목표를 제시한다. 이렇게 할 수 있다는 것은 그만큼 자신 있다는 얘기인 동시에 목표를 제시하기 위한 데이터가 충분히 확보되어 있다는 것을 의미한다. 또한 무엇보다 실행 전략과 방법 또한 구체적으로 마련되어 있다는 것을 증명한다.

사회영역과 실행과제

USLP 사회영역의 3대 실행과제 영역은 〈공평성/다양성/포용성〉, 〈생활 수준의 향상〉, 〈미래의 일〉이다. 〈공평성/다양성/포용성〉은 유니레버 자체의 기업문화뿐만 아니라 이해관계자와의 관계에서도 평등의 가치를 실현하겠다는 것이며, 〈생활 수준의 향상〉은 제3세계 공급사슬망의 농장과 협력업체 노동자들의 임금을 생활임금으로 올리는 등 빈부격차로 인한 사회적 불평등 문제를 개선하는 데 일조하겠다는 것이다. 또한 동시에 제3세계 경제발전을 통해 유니레버의 시장 확대를 이루겠다는 비즈니스 전략도 포함되어 있다. 마지막으로 〈미래의 일〉은 기업에게 주어진 가장 기본적인 사회적 책임인 일자리 창출과 고용유지에 대한 것으로 청소년과 청년에 대한 기술교육, 직원들의 근무조건 유연화, 기술변화에 따른 직원 재교육 등의 내용을 포함하고 있다.

고객가치 영역 실행과제

USLP의 고객가치 영역은 '긍정적인 영양', '건강과 웰빙' 등 2개 실행과제 영역으로 구성되어 있다. 유니레버는 크게 식품사업부와 위생용품사업부로 이루어져 있기 때문에 각각의 사업부에서 환경과 사회가치 경영을 통해 고객에게 제공할 수 있는 가치목표를 제시하고 있는 것이다.

■ 우선가치와 운영기반

USLP의 기반은 두 개의 층으로 구성되어 있다. 맨 아래층은 '책임 있는 비즈니스 기반' 층으로 건물에 비유하자면 기초 부분에 해당한다. 기초와 기반 공사가 잘되어 있어야 튼튼하고 안정적인 건물을 지을 수 있듯이 USLP 또한 목표 달성을 위해 안정적인 기반을 갖추고 있다.

'책임 있는 비즈니스 기반'에는 비즈니스의 무결성(완벽함), 안전한 작업환경, 구성원 웰빙, 제품의 안전과 품질, 책임 있는 혁신, 책임 있는 광고와 마케팅, 정보보안, 이해관계자의 참여, 책임 있는 세금납부, 투명한 정보공개 등 USLP를 실행하기 위한 가장 기본적인 행동원칙들이 자리잡고 있다. 그 위에는 '인권 존중'이 있는데 '책임 있는 비즈니스 기반'과 지속가능경영 전략목표를 연결하는 가치가 '인권 존중'에 있음을 표현하고 있다.

4. ESG 경영 고도화를 위한 과제

ESG 경영을 한다는 것은 전사 차원에서 모든 부서가 이해관계자 관점의 성과를 균형적으로 모색한다는 것이다. 다시 말해서 이해관계자 관점의 사업 성과관리를 통한 비즈니스 수익모델을 만들어 가는 기반을 마련한다는 의미이다. 구체적으로 ESG 경영을 도입하고 고도화를 하기 위해 어떤 부분들을 점검하고 경영과제를 해야 하는가에 대해서는 다음의 내용을 참고할 필요가 있다.

글로벌 기업들은 빠른 속도로 환경, 사회 영역에서 자원 선순환, 공급망 관리, 친환경 혁신기술 등에 대한 이니셔티브를 선점하여 시장 포지셔닝 중이며, 글로벌 시장 안에서 비즈니스의 기회를 다각적으로 모색하고 있다. 국내 기업들도 이러한 부분에 대한 선제적인 모니터링을 통해 이해관계자 자본주의에서의 투자 매력을 한층 더 높이고, 경영전략 관점에서의 검토가 필요한 시점이다. 기업들 간에는 서둘러 ESG 경영을 도입하기 위해 투자자 관점의 평가 결과를 비교하면서, ESG 관리지표를 만들어가고 평가점수를 올리는 것을 화두로 삼기도 한다. 하지만 이것은 정말 단기적인 대응에 머무는 것이고, 아직 ESG 평가체계나 기준이 통일되어 마련되지 못한 현황을 고려해보더라도 ESG 경영의 내재화에서 가장 건강하지 못한 경우가 될 수 있다.

ESG 경영 도입과 고도화의 출발점은 "사업(제품과 비즈니스) 그리고 이해관계자"이다. 기업이 속한 산업의 변화, 시장에서의 경쟁기업들의 동향을 포함하여 중요한 이해관계자를 명확하게 판단하여 'ESG 경영 로드맵(roadmap)'을 그려 내는 기업만이 ESG 경영을 통한 성장이 가능할 것이다. 로드맵에서는 ESG 경영을 위한 핵심영역을 정의하고, 핵심영역들을 준법과 윤리경영(컴플라이언스), 고객의 요구사항에 대응하거나 프로세스 효율성을 개선하는 관점과 비교 우위적인 시장 경쟁력 및 비즈니스 기회 창출이라는 관점으로 나눠서 살펴볼 필요가 있다. 이러한 과정에서 분절되어 모호해진 주요 유관부서 간 역할과 기능의 역할과 책임은 명확해지고 효율적인 통합 성과관리가 가능하게 된다.

기술과 파트너십(partnership)이 당분간 새로운 시장을 개척하기 위한 중요한 파이프라인이 될 것이다. ESG 경영전략은 탄소저감, 신재생에너지, 공급망 리스크 이슈 등 비즈니스가 갖는 새로운 도전과제와 리스크에 대처하는 새로운 기술, 신사업 기회관점으로의 끊임없는 모색과 변화를 가능하게 한다. 새로운 제품개발이나 기술투자 영역의 의사결정 프로세스에도 그러한 관점이 내재화되어야 하는데, 이것은 거버넌스(G)와 사회(S) 영역 인사 정책과도 매우 밀접하게 관련이 있다. 특히, 사회(S)의 중점이슈들은 이해관계자에서 파생되거나 요구되는 리스크이고, 이에 대한 ESG 경영은 준법(Legal Compliance)을 넘어서는 것이다.

이해관계자의 이슈를 모니터링하는 조직의 역할이 강화되고, 거버넌스(G) 부분에서도 선진화가 필요한 부분이다. 요즘 ESG 경영의 실체에 대해 다양한 의견과 관점이 존재한다. 그러나 기업은 흔들림 없이 기업 본연의 존재 이유와 성장전략에 집중하면 될 것이다. 기업경영 관점에서 ESG 그 안을 들여다보면 결국 고객과 투자자가 요구하는 가치, 그리고 더 나아가 사회에서의 기업의 역할과 기능에 대한 것이다. 신뢰를 쌓아가는 일, 그것이 ESG 전략 실행의 핵심이다.

제2절 | ESG 전략실행

1. ESG 문턱(ESG Threshold)

기업의 전략경영 과정은 목표를 결정하고, 목표를 달성하기 위한 주요 정책과 계획을 만들고, 사업 범위, 조직구조 결정 그리고 주주, 종업원, 고객 및 지역사회에 대한 경제적 · 비경제적 기여를 정의하는 의사결정 과정이다. 따라서 기업의 전략경영 과정에서는 다음의 4가지 질문에 대한 답변이 필요하다.

어디에서 경쟁할 것인가?

어떤 독특한 가치를 제공할 것인가?

어떤 자원과 능력을 활용하는가?

독특한 가치를 제공할 수 있는 우리의 능력을 어떻게 유지할 것인가?

기업이 수립한 전략을 성공적으로 실행하기 위해서는 기업의 핵심역량이나 산업구조를 이해할 필요가 있는데, 여기에 내재된 것은 사회적 기대에 벗어난 기업의 행위에 대해 이해관계자들이 얼마나 용인할 것인지, 즉 'ESG 문턱(ESG Threshold)'의 개념이다. ESG 문턱은 광범위한 이해관계자에 대한 대응이 기업이나 산업의 생존에 핵심이 되는 시점의 높이를 의미하는데, ESG 문턱의 높이는 기업들의 사업운영 방식의 차이와 이해관계자들의 영향에 대한 산업 간의 차이로 인해 기업과 산업에 따라 다르게 나타날 수 있다. 그렇다면 왜 각 기업마다 ESG가 중요하다고 인식하는 시점인 ESG 문턱의 높이가 다를까? 그 질문에 대한 대답은 넓은 의미에서 원가우위와 차별화로 구분되는 비즈니스 차원의 전략에서 찾을 수 있다.

원가우위 전략은 경쟁자에 비해 보다 저렴하게 제품 및 서비스를 제공할 수 있게 해준다. 예를 들면 월마트가 판매하는 제품은 경쟁사와 기본적으로 다르지 않다. 대신에 월마트는 혁신적인 물류와 규모의 경제효과를 통한 원가우위 전략에 기초하여 경쟁우위를 확보한다. 반면에 메르세데스 벤츠는 차별화 전략에 기반하여 경쟁우위를 확보한다. 안전, 품격, 내구성이 탁월한 고급차를 생산함으로써 벤츠는 차별화에 대한 소비자 가치를 충족시키고 가격 프리미엄을 누릴 수 있다. 애플은 기술력과 브랜드 가치에 기초한 제품 차별화를 추구하는 또 다른 기업이다. 바디샵에게는 차별화 특성이 제품 품질이 아닌 기업이 추구하는 사회적 의제이다. 그 회사 제품 소비자들이 가치를 두는 사회적 의제가 제품(개인 화장품과 세면도구)의 기능적 가치에 더해져 소비자 열망 가치에 어울리는 명분을 지지해준다.

이러한 가치는 기업의 화장품이나 세면도구로부터 얻는 기능적 가치에 부가적인 가치를 더해준다.

원가 우위와 차별화 전략은 보편적 전략과 집중된 전략으로 구분될 수 있다. 벤츠의 비즈니스 전략은 고급차 틈새시장에 초점을 둔 차별화된 제품을 제공하는 반면, 월마트는 넓은 고객 기반에 걸쳐 원가 우위를 추구한다. 그러나 기업이 원가 우위 또는 차별화 중 어떤 것으로 경쟁하든 상관없이 전략의 목적은 지속 가능한 경쟁우위를 구축하기 위한 이해관계자 가치를 창조하는 것이어야 한다. 하지만 CSR 문턱의 높이는 사업부 수준의 전략에 따라 다르게 나타날 수 있다.

월마트의 비즈니스 수준 전략은 ESG 문턱을 높일 것이다. 즉 월마트는 ESG와 관련한 더 많은 재량권을 가지며, 그 기업의 가치 포지션이 원가우위전략에 기초해 있기 때문에 ESG에 대한 요구를 어느 정도 피해 갈 수 있을 것이다. 월마트는 월마트 쇼핑객들이 미국 노동자들이 생산한 높은 원가의 제품보다는 해외에서 저원가로 제조한 제품을 더 선호한다는 것을 알고 있다. 그러나 사회정의 이슈(동물 실험과 공정무역과 같은)를 지지함으로써 평판과 고객기반을 구축해 온 바디샵과 같은 기업들은 고객, 미디어, 사회가 반응을 보이기 시작하는 ESG 문턱이 보다 낮을 것이다. 즉 바디샵 이해관계자는 인식된 ESG 위반 행위에 대한 용인의 수준이 낮을 수 있다는 것이다. 따라서 바디샵이 저지른 단 하나의 잘못은 이해관계자 반발 측면에서 월마트가 저지른 다수의 ESG 경영 관련 실수와 동일한 영향을 미칠지 모른다.

라이프스타일 브랜드와 같이 특정 시장 부문이나 틈새시장을 목표로 하는 제품에 대한 인식은 객관적 가격과 품질뿐만 아니라, 변화하는 사회적 트렌드에 연계되어 있는 주관적 인식에 따라 달라지는 경우가 많다. 그 제품의 고객들은 제품에 더 큰 프리미엄을 기꺼이 지불한다. 그러나 역설적으로 이러한 프리미엄을 지불할 능력이 있는 사람들은 다른 선택을 할 충분한 자원을 갖고 있어서 아주 다양한 대안을 갖고 있는 사람들이다. 그러므로 라이프스타일 브랜드의 주장이 기초하고 있는 주관적 기반은 그 기업에 위험을 가져다줄 수 있다.

따라서 기업들이 원가우위 전략에서 차별화 전략으로 옮겨 감에 따라 그들이 직면하는 CSR 문턱은 점점 낮아질 가능성이 높다. 즉 비즈니스 수준의 차별화 전략은 기업들을 이해관계자 반발에 보다 취약하게 만드는 경향이 있는 것이다. 기업이 속해 있는 산업이나 문화의 분석에서도 비슷한 경향이 나타난다. ESG 문턱 모형은 서로 다른 기업, 산업, 문화에서 ESG 문턱의 높이가 달라진다고 주장한다.

ESG 경영전략과 활동은 변화된 기업환경에서 기회를 활용할 수 있는 훌륭한 방법이다. 이해관계자들의 요구를 들어주는 것은 기업을 수익성 있는 조직으로 만들어 줄 뿐만 아니라, 동시에 사회발전에 기여할 수 있게 해준다. 예를 들면 이전에 자신을 겨냥한 환경 캠페인에 잘 대응함으로써 씨티그룹은 '적도 원칙'(적도원칙은 금융지원 대상 프로젝트의 건설 · 운영과정에서 예상되는 환경파괴 및 사회갈등의 최소화를 위해 금융기관과 사업주가 준수해야 할 10개의 행동 원칙이다. 38개국, 101개 기관이 적도 원칙을 채택하고 있다.) 출범에 선도적인 역할을 할 수 있었다. 이와 유사하게 유니레버가 '지속 가능한 생활계획'을 채택한 경우나 GE가 '에코매지네이션'(자원의 생산성을 높이고 과학기술이 환경에 미치는 영향을 최소화하는 GE의 성장전략)에 몰입한 사례들이 시장에서 차별화를 위해 ESG를 채택한 기업이 경쟁우위를 누릴 수 있다는 것을 보여준 사례들이다.

2. ESG 전략 실행의 성공을 위한 핵심요소

ESG 전략의 성공적인 실행을 위한 핵심요소들은 다음과 같다.

첫째, 기업의 문화와 전략 계획 과정에 ESG 경영 관점을 통합시킬 것

둘째, 이해관계자의 요구를 이해하고 그에 대응하기 위해 지속적으로 노력할 것
셋째, 창출하는 가치의 최대화가 아닌 최적화를 목표로 할 것
넷째, 자원과 이해관계자의 관계에 대한 단기적 관점에서 벗어나 중장기적 관점을 가질 것

위의 네 가지 구성요소를 결합함으로써 기업은 ESG 전략을 실행 과정에 확실하게 통합할 수 있어야 한다. ESG 전략을 성공적으로 실행하기 위한 첫 번째 핵심사항은 조직문화와 전략계획 과정에 ESG 경영의 요소들을 통합시키는 것이다.

ESG 경영의 성공적인 실행을 위한 두 번째 요소는 기업의 모든 의사결정에서 이해관계자 관점을 통합하는 것이다. 이해관계자 관점 실행의 장애물은 현재 상당수 기업들이 주주의 이익을 항상 가장 우선시하고 있다는 것이다. 그보다는 시각을 확대하여 모든 이해관계자들의 이익을 고려할 필요가 있다.

비평가들은 기업들이 항상 그렇게 해왔다고 말할지 모른다. 기업이 항상 주주에게 최우선 순위를 둔다는 것이다. 기업의 주주는 이해관계자 그룹 중 하나이며, 그만큼 중요한 이해관계자이다. 그리고 주주의 요구가 최우선 순위가 되는 그런 이슈도 많다. 그러나 이슈에 따라서 이해관계자의 우선순위가 달라질 수 있고, 따라서 어떤 한 이해관계자 그룹에 맹목적으로 충성하는 것은 역효과를 낳는다.

존슨앤드존슨은 이해관계자들에 우선순위를 부여하는 기업 신조(Credo)로 유명한데, 중요한 것은 그 신조가 기업의 최종적인 책임으로서 고객, 공급업체와 유통업체, 종업원, 지역사회를 순서적으로 우선시하고 주주를 마지막에 두고 있다는 것이다. 존슨앤드존슨은 이러한 원칙에 따라 우리가 기업을 운영하면 주주에게 높은 수익률을 돌려줄 수 있다고 자신의 철학을

합리화한다. 사우스웨스트의 허브 켈러허와 콜린 바렛, 스타벅스의 하워드 슐츠, 월마트의 샘 월튼, 파타고니아의 이본 쉬나드 등의 리더들은 기업 운영에 더 즉각적인 관계를 가진 이해관계자(특히 종업원)가 동기부여와 충성심, 고객에 대한 봉사 의지를 가질 때 주주가치가 가장 잘 지켜진다는 것을 인식하고 있다. 아마존은 이와 비슷한 "고객 우선" 비즈니스 접근방법을 택하고 있다. 코스트코는 종업원 급여와 혜택을 삭감하라는 투자자들의 요구를 계속해서 거절하였다.

ESG 전략의 성공적인 실행을 위한 세번째 요소는 가치 최대화가 아닌 폭넓게 정의된 '가치 최적화'의 추진이다(여기서 최적화는 최대화와 비교되는 개념이다). 본질적으로 ESG 전략 실행의 목표는 사회의 생산과 소비 활동의 균형을 도모하여 집합적 이해관계자의 요구에 맞는 생활 수준을 구축하는 것이다. 생산요소에는 기업이 현재 외부에 전가하기를 원하는 비용이 포함되는 반면, 소비요소에는 사회가 회피하고자 하는 비용이 포함된다. 만약 우리가 이 균형을 달성할 수 있고 혜택과 비용을 광범위한 이해관계자들에게 균형적으로 분산시킬 수 있다면 사회 전반에 걸쳐 가치 최적화에 현저히 가까워질 수 있을 것이다.

이익 극대화 달성은 의사결정을 왜곡할 수 있다. 반면 이익 최적화는 경영자를 보다 넓은 이해관계자 집합의 이해관계로 방향을 재설정하게 만든다. 그것은 승자와 패자 간의 상충관계가 아니라 타협과 중재를 말한다. 극대화 사고가 절대적 상태(결정적인 금액)을 제안하지만 최적화는 상대적인 상태를 의미한다. 그러나 그러한 구분이 단순한 미사여구가 아니라 기업의 모든 이해관계자들에게 가치를 창출하는 단기, 중기, 그리고 장기 의사결정 간의 균형을 촉진하는데 도움을 준다.

마지막으로 ESG 전략의 성공적인 실행을 위해 가장 중요한 요소는 기업의 자원과 이해관계자 관계 관리에 있어서 단기적 관점을 중장기적인 관점으로 전환하는 것이다. 만약 CEO가 다음 분기에만 관심이 있다면

ESG 경영의 성공사례를 만들기 어렵다. 그러나 만약 CEO가 지금으로부터 10년, 20년 동안의 기업 존속에 관심이 있다면 핵심 이해관계자들과 신뢰에 기초한 지속적인 관계를 구축하는 것이 엄청난 가치를 가질 것이다. 문제는 현재의 많은 인센티브 제도가 단기 투자를 장려하고 있다는 것이다.

이를 해소하기 위해 유니레버, 코카콜라, 맥도날드, AT&T와 같은 기업들은 분기 이익보고서 발표를 중단하였다. 미국에서는 S&P 500 기업 중 28%만이 분기 이익 가이던스를 발간하고 있으며, 분기보고 대신에 반기보고를 선택하도록 해달라는 이사회의 요구가 강해지고 있다. 또한 일부 CEO들은 상장을 폐지하는 등 장기간에 걸친 기업성과를 저해할 수 있는 단기적 압력으로부터 자유로워지기 위해 주식시장을 회피하는 경향을 나타내고 있다. 미국의 상장기업 수는 1996년 7,322개였지만 현재 3,671개로 줄었다. 신규상장(IPO) 기업 수는 2000년 연간 300건에서 그 이후 지난 20년 동안은 연간 100건으로 감소하였다.

3. 핵심 이슈와 이해관계자 결정

기업의 전략 실행체계를 이해관계자 모형으로 전환할 때 직면하게 되는 본질적인 이슈는 우선순위의 결정이다. 이것은 쉽지 않은 일이지만 기업이 보유하고 있는 제한적인 자원을 고려하면 반드시 결정이 필요한 요소이다. 서로 다른 요구를 가진 상충관계에 있는 이해관계자 그룹이 있을 때 특정 그룹의 이익을 저해하지 않으면서 더 중요한 이해관계자 그룹에 진지하게 대응하는 것은 성공적인 ESG 전략 실행을 위한 매우 중요한 요소이기 때문이다. 사실 이 부분은 많은 ESG 이슈 중 가장 중요하고 시의적절한 이슈들을 선별하고, 각 이슈에 대해 어떤 이해관계자의 이해관계를 우선으로 고려할지를 결정하는 중대성(Materiality) 평가와 밀접하게 관련되어 있다.

그렇다면 ESG 전략의 중요 이슈와 이해관계자를 선정하는 과정에서 중요하게 고려해야 하는 핵심요소는 무엇인가? 첫째는 이슈에 대한 기업의 전략적 연관성이다. 둘째는 이슈의 진화, 즉 발전 단계이다. 마지막으로 셋째는 이해관계자의 행동 동기의 정도이다.

그림 31 ESG 전략의 핵심 이슈와 이해관계자 결정을 위한 과정

중요 이슈를 선정하고 이들에 대응하기 위한 방식을 결정하기 위해서는 기업과 이슈, 이해관계자를 결합해 볼 필요가 있다. 이 분석의 목표는 ① 이슈들에 대한 기업의 전략적 연관성, ② 각 이슈의 발전 정도, ③ 이해관계자의 행동 동기, ④ 그러한 행동이 기업에 미치는 잠재적인 영향의 정도를 설명할 수 있는 다단계 프로세스를 구축하는 것이다.

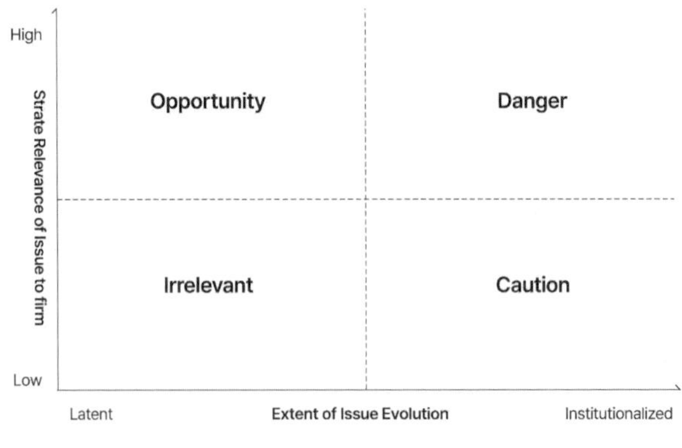

그림 32 이슈의 위치 결정

그림 32에서의 질문은 “매트릭스에서 이슈가 어디에 위치하는가?”이며, 그림 33에서의 질문은 “당면한 이슈에 대해 각 이해관계자가 어디에 위치하고 있는가?”이다. 첫 번째 분석에서 전략적 관련성이 높은 이슈들에 대해서는 항상 행동이 요구된다. 이슈의 진화 정도에 따라서 그 이슈가 기업에 기회를 될지 아니면 위험이 될지가 정해진다.

다음으로는 기업에 대한 이해관계자의 요구에 우선순위를 정하는 것이 중요하다. 이 단계에서 이해관계자 동기는 그 이슈가 각 이해관계자에게 얼마나 중요한지, 다시 말해서 이해관계자가 해당 이슈에 대해 반응할 가능성이 얼마나 높은지를 포착하기 위해 중요하다(그림 33의 y축을 결정). 다음으로 운영에 대한 영향과 관련해서는 특정 이해관계자 그룹이 기업운영에 미치는 영향, 즉 이해관계자가 기업 평판, 이익 감소 등을 초래할 수 있는 가능성을 포착한다(그림 33의 x축을 결정).

여기서 3가지 다른 모양은 포괄적인 이해관계자 그룹을 나타내며(정사각형=조직적 이해관계자, 원=경제적 이해관계자, 삼각형=사회적 이해관계자), 각 형태의 서로 다른 크기는 이해관계자 그룹 내의 서로 다른 소그룹의 전략적 관련성을 나타낸다. 예를 들어, 미디어는 집단적으로 이해관계자 그룹이지만, 그렇

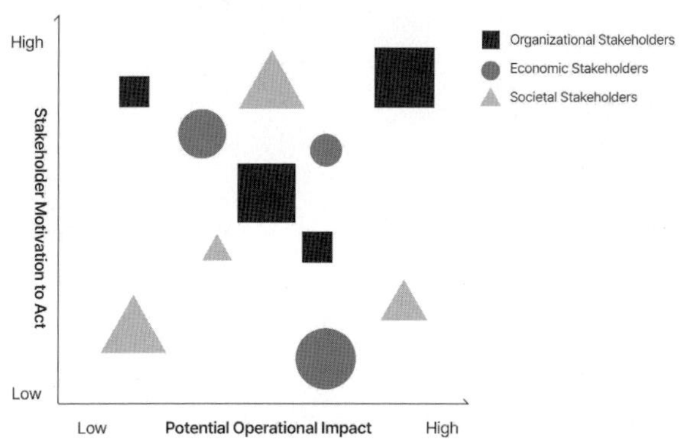

그림 33 당면한 이슈에 대한 각 이해관계자의 위치 결정

다고 해서 뉴욕타임스와 월스트리트 저널이 같은 관심사(또는 심지어 TV 방송국, 라디오 방송국 또는 온라인 아울렛과 유사한 관심사)를 갖고 있다는 뜻은 아니다. 그러므로 광범위한 이해관계자 그룹 내에서, 서로 다른 하위 그룹은 당면한 이슈에 따라 기업에게 서로 다른 전략적 관련성을 갖게 될 것이다. 각 도형의 크기는 이 추가적인 우선순위 계층을 반영한다.

특정 이슈에 대한 변화를 요구하는 이해관계자에 어느 정도 실질적인 행동으로 대응해야 하는지는 이 두 축의 교차점에서 결정된다. 궁극적으로 중요한 이해관계자의 동기가 강하고 그들의 잠재적 행동이 기업 운영에 미치는 영향이 클 때(즉 그림에서 우상향 쪽에 위치하며 모양의 크기가 클 때) 기업은 자신의 이익을 보호하기 위해(위협을 회피하거나 또는 기회를 활용하기 위해) 반드시 그리고 신속하게 행동해야 한다.

앞서 살펴본 것과 같이 3가지 요소(기업, 이슈, 이해관계자)의 결합으로 어떤 특정 이해관계자가 특정 이슈에서 기업의 이익에 어느 정도 영향을 미치는지, 그리고 그에 따라 어떤 이해관계자 요구에 기업이 가장 우선적으로 대응해야 하는지가 결정된다.

이 체계를 실행하기 위해서는 다음과 같은 5단계 과정 지향적 모형을 활용할 필요가 있다.

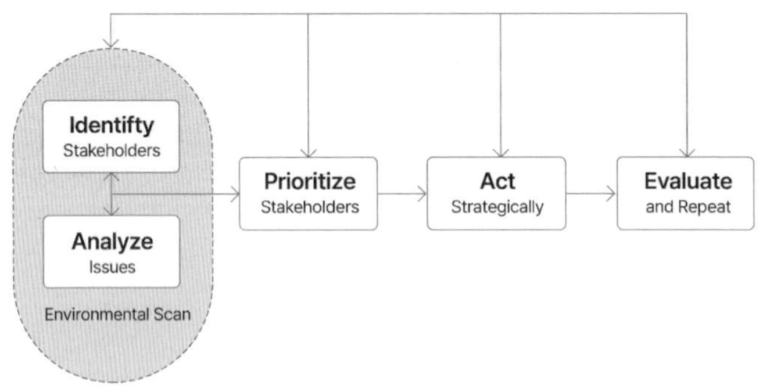

그림 34 5단계 과정 지향적 모형

① 기업에 관련된 이해관계자 조합을 확인한다.

② 각 이슈가 어떻게 기업 운영과 관련되어 있으며 이슈의 진화 단계 중 어디에 있는지를 파악하기 위해 이슈의 성격을 분석한다.

③ 현안 이슈와 관련하여 서로 경쟁하는 이해관계자들의 이해관계와 요구들에 대한 우선순위를 결정한다.

④ 결정된 우선순위에 따라 전략적으로 행동한다.

⑤ 행동 결과를 평가하고 보고한다.

참고문헌

강현수, 『지속가능경영의 이해와 활용』, 도서출판 청람, 2015.
곽수근 · 송호근 · 문형구 외 지음, 『기업시민, 미래경영을 그리다』, 나남, 2020.
김성택, 『New CSR 개인과 기업의 사회적 책임』, 도서출판 청람, 2018.
김용진, 『국민연금이 함께하는 ESG의 새로운 길』, KMAC, 2021.
김진방 · 전창환 · 조영철, 『유럽자본주의 해부』, 풀빛, 2003.
네이버 백과사전, http://100.naver.com/
노동부, 사회적 기업, http://www.socialenterprise.or.kr/
문근찬, 『피터드러커 관점 경영학』, 한티미디어, 2006.
문성후, 『경영진이 꼭 알아야 할 ESG 에센스』, KSAM. 2022.
문정빈, 『시장 · 비시장 전략은 하나다』, 동아비즈니스리뷰, 2014.
미래기획위원회, 『녹색성장의 길』, 중앙북스, 2009.
박덕영 · 이현정, 『CSR 환경책임』, 박영사, 2018.
박재기, 『그린 마케팅』, 집문당, 2007.
박재린 · 이종법 · 윤대혁, 『기업윤리론』, 무역경영사, 2003.
박재림 · 한광모, 『일하기 좋은 기업』, 거름출판, 2006.
박정식 · 신동령, 『경영분석』, 다산출판사, 2002.
박흥수 · 이장우 · 오명열 · 유창조 · 전병준, 『경영학회가 제안하는 공유가치창출전략』, 박영사, 2014
반병길 · 김광규 · 한동여, 『경영학원론: 현대기업의 이해』, 박영사, 2002.

배종석 외 지음, 『ESG 시대의 사회적 가치와 지속가능경영』, 클라우드나인, 2021.
산업통상자원부, 『K-ESG 가이드라인』, 2021.
삼성경제연구소, 『지속가능경영과 기업경쟁력 모형의 재구축』, 2012.
신유근, 『사회중시경영』, 경문사, 2002.
______, 『한국의 경영: 그 현상과 전망』, 박영사, 1992.
안병훈 · 이승규 · 이수 외, 『우리나라 기업의 사회책임경영 현황 및 전망에 관한 조사보고서』, 한국과학기술원 사회책임경영연구센터, 2006.
안서규 · 김홍유, 『디지털시대 가치창출을 위한 21C기업과 경영의 이해』, 도서출판 청람, 2006.
안영도, 『국가경쟁력 향상의 길』, 비봉출판사, 1999.
안운석 · 탁동일 · 장형섭 · 박종원, 『경영학원론』, 도서출판 두남, 2003.
양동훈 · 임효창 · 조영복 역, 『경영학원론』, 시그마프레스, 2011.
양인목 · 정익철, 『환경경영 리포트』, 에코리브르, 2006.
오종근 · 문덕중 · 박준우 · 이재춘, 『디지털 시대의 창업 가이드』, 도서출판 대경, 2002.
오준환 · 김우봉 · 송균석 · 유재욱, 『에센셜 매니지먼트』, 도서출판 청람, 2007. 위키피디아 http://en.wikipedia.org/wiki/Corporate_culture
유기현, 『전략경영론』, 무역경영사, 2003.
유성은, 『기업윤리와 경영성과』, 한국학술정보, 2007.
유재욱 · 이은화, "이해관계자 자본주의 관점의 기업지배구조 연구현황 및 발전방향," 『전략경영연구』 24(3), 2021.
유필화 · 황규대 · 강금식 · 정홍주 · 장시영, 『디지털시대의 경영학』, 박영사, 2008.
윤석철, 『기업가정신』, 도서출판 대경, 2008.
유재욱 · 이근철 · 선정훈, 『4차 산업혁명 시대의 기업경영』, 박영사, 2020.
________, 『현대사회와 지속가능경영』, 박영사, 2014.
이도운, 『그린 비즈니스』, 무한, 2009.
이병욱 · 황금주 · 김남규, 『환경경영』, 에코리브르, 2005.

이선우 · 박성훈, “공공기관의 활기차고 재미있는 지장 만들기 사례연구,” 『한국인사행정학회보』 제9권 제2호, 2010.
이은석 · 원지환, “기업구조조정의 거시경제적 효과,” 『한국은행 조사통계월보』, 2011.
이은화 · 유재욱 · 이재혁 · 신형덕 · 한주희, “이해관계자 자본주의 시대의 전략경영,” 『경영학연구』, 51(5), 2022.
이재규, 『(알기 쉬운) 경영학의 이해』, 박영사, 2005.
이종영, 『기업 윤리』, 삼영사, 2007.
이지훈 · 신창목 · 강희찬 · 도건우, “녹생성장시대의 도래,” *CEO Information*, 675호, 삼성경제연구소, 2008.
이태규, 『경영 그리고 경영학 — 사례로 보는 경영이론 — 』, 무역경영사, 2003.
임정재 역, 『기업의 사회적 책임에 대한 A부터 Z까지』, 재승출판, 2007.
장원봉, “한국 사회적 기업의 실태와 전망,” 『동향과 전망』, 75호, 2008.
전진구, 『환경경영시스템』, 구미서관, 2004.
정재영 · 노승종 · 오세경 · 오홍석 · 정헌수 · 현용진 역, 『경영학 배움터』, 생능출판사, 2006.
조동성, 『21세기를 위한 경영학』, 도서출판 서울경제경영, 2000.
조동훈, 『경영전략@벤처창업』, 한올출판사, 2004.
지호준, 『알기쉽게 배우는 21세기 경영학』, 법문사, 2010.
치토스 이야기 마당, 이해관계자 관리의 방법, 어떤 절차가 효과적일까요? https://m.blog.naver.com/story_madang/221727647768, 2019.
최재윤, 『기업경영의 새로운 패러다임』, 예영커뮤니케이션, 2003.
최정철, “세계화와 CSR, CSR국제워크샵,” http://www.newsprime.co.kr/news/article/?no=891572009.
최종태, 『자본주의 4.0시대의 사회적 기업과 경영학』, 2011.
하틀리, R. F., e매니지먼트 역, 『윤리경영』, 21세기북스, 2005.
한상만 · 하영원 · 장대련, 『마케팅전략』, 박영사, 2007.
홍성수 역, 『경영관리』, 새로운 제안, 2003.
환경부, 『2004 환경보고서가이드라인』, 환경부, 2004.

황복주 · 김원석 · 이영희, 『경영학원론』, 도서출판 두남, 2005.

Ansoff, H. L. *Corpratet Strategy*, McGraw-Hill, New York, 1965.

Bach, D. and David, B. A. What every CEO needs to know about nonmarket strategy, *MIT Sloan Management Review*, 51(Spring).

Barney, J. B., and Hesterly, W. S., *Strategic Management and Competitive Advantage*, Pearson, 2010.

Baron, D. P. *Business and its environment*, 7th ed., Prentice Hall, 2012.

Baron, D. P. Integrated Strategy: Market and Nonmarket Components, *California Management Review*, 37, 1995.

Bartol, K. M., and Martin, D. C., *Management*, 2nd ed., McGraw Hill, 1994.

Bansal, P., and Song, H. C., Similar but not the same: Differentiating corporate sustainability from corporate responsibility, *Academy of Management Annuals*, 11(1), 2017.

Bowen, H. R., *Social Responsibility of the Businessman*, University of Iowa Press, 2013.

Brush D., The Impact of Corporate Culture on Economic Performance, *Renova Newsletter*, 2008.

Carroll, A. B., The Pyramid of Corporate Social Responsibility: Toward the Moral Management of Organizational Stakeholders, *Business Horizon*, 34(4), 1991.

Carroll, A. B., A history of corporate social responsibility: Concepts and practices, *The Oxford handbook of corporate social responsibility*, 2008.

Carroll, A. B., and Buchholtz, A. K., *Business & Society*, 5th edition, Thomson, 2003.

Carroll, A. B., and Shabana, K. M., The business case for corporate social responsibility: A review of concepts, research and practice. *International journal of management reviews*, 12(1), 2010.

Casciaro, T., and Piskorski, M. J., Power Imbalance, Mutual Dependence, and Constraint Absorption: A Closer Look at Resource Dependence Theory, *Administrative Science Quarterly*, 2005

CJ Group Homepage (https://www.cj.net), 2022.

Chandler, A. D., *Strategy and Structure*, Chapters in the History of the Industrial Enterprise, 1962.

Coase, R. H., The Nature of the Firm, *Economica*, 4(16), 1937.

Chandler, D. *Corporate Social Responsibility: Sustainable Value Creation*, 5th ed, SAGE Publication Inc., 2020.

Clarkson, M. E., A Stakeholder Framework for Analyzing and Evaluating Corporate Social Performance, *Academy of Management Review*, 20(1), 1995.

Crane, A., McWilliams, A., Matten, D., and Siegel, D. S., The Oxford *Handbook of Corporate Social Responsibility*, Oxford University Press, 2008.

Daft, R. L., and Marcic, D., *Understanding Management*, 4th ed., Thomson South-Western, 2004.

Davis, K., and Frederick, W. C., *Business and Society: Management, Public Policy, Ethics*, McGraw-Hill, 1984.

Deal, T. E., and Kennedy, A. A., *Corporate Cultures*, Addison Wesley, 1982.

Doh, J. P., Lawton, T. C., and Rajwani, T., *Advancing Nonmarket Strategy research: Institutional Perspectives in a Changing World*, Academy of Management Perspectives, 26, 2012.

Donaldson, T., and Preston, L. E., The Stakeholder Theory of the Corporation: Concepts, Evidence, and Implications, *Academy of Management Review*, 65-91, 1995.

Drucker, Peter F., *The practice of management*, Harper and Row, 1954.

Dumler, M. P., and Skinner, S. J., *A Primer for Management*, Thomson South-Western, 2005.

Ferrell, O. C., Fraedrich, J., and Ferrell, L., *Business Ethics – Ethical*

Decision Making and Cases, 12 ed., Cengage. 2019.

Freeman, R. E., *Strategic Management: A Stakeholder Approach*, Pitman, Boston, 1984.

Greenberg, J., and Baron R. A., *Behavior in Organizations*, 7th ed., Prentice Hall, 2000.

Hermann, S. P., *Stakeholder Management-Long Term Business Success Through Sustainable Stakeholder Relationships*, TNS Infratest, 2005.

Heskett, J., Sasser, W. E., and Wheeler, J., *The owenership quotient: putting the service profit chain to work for unbeatable competitive advantage*, Boston: Harvard Business Press, 2008.

Hill, C. W. L., *Global Business Today*, 5 ed., McGraw Hill, 2008.

Hill, C. W. L., and McShane, S. L., *Principles of Management*, McGraw Hill, 2008.

Hitt, M. A., Black, J. S., and Porter, L. W., *Management*, Pearson Prentice Hall, 2005.

Hitt, M. A., Ireland, R. D., and Hoskisson, R. E., *Strategic Management: Competitiveness & Globalization*, 13 ed., Cengage, 2020.

Idowu, S. O., and Filho, W. Leal, *Global Practices of Corporate Social Responsibility*, Springer, 2009.

Ireland, R. D., Hoskisson, R. E., and Hitt, M. A., *The Management of Strategy*, 9th ed., South- Western Cengage Learning, 2009.

Jones, G. R., George, J. M., and Hill, C. W. L., *Contemporary Management*, 2nd ed., McGraw Hill, 2000.

Kaletsky, A., *Capitalism 4.0*, New York: Public Affairs, 2010.

Kurucz, E. C., Colbert, B. A., & Wheeler, D., The business case for corporate social responsibility, *The Oxford handbook of corporate social responsibility*, 2008.

Laasch, O., and Conaway, R. N., *Principles of Responsible Management: Glocal Sustainability, Responsibility, and Ethics, Cengage Learning*, 2015.

Lawrence, A. T., Weber, J., and Post J. E., *Business and society*, 11th ed., McGraw Hill, 2005.

Lee, C-Y and Yoshihara, H., Business ethics of Korean and Japanese Managers, *Journal of Business Ethics 16*, 1997.

Lewis, P. S., Goodman, S. H., and Fandt, P. M., *Management* (Challenges for tomorrow's leaders), 4th ed., Thomson South-Western, 2004.

Lintner J., "Distribution of Incomes of Corporation Among Dividends, Retained Earnings and Taxes," *American Economic Review*, 46, 1956.

Loughran, T, Jay R. R., and Kristian R, "Initial public offerings: International insights," *Pacific-Basin Finance Journal*, *Elsevier*, vol. 2(2-3), May 1994.

Martin, J., *Cultures in organizations*, New York: Oxford University Press, 1992.

Martin, R., The Age of Customer Capitalism, *Harvard Business Review*, Jan.-Feb., 2010.

Muhammad Yunus, *Grameen at a Glance*, Grameen Bank, 2010.

Porter, M., "From competitive advantage to corporate strategy," *Harvard Business Review* 65, 1987.

Reidenbach R. E., and Robin D. P., A conceptual model of corporate moral development, *Journal of Business Ethics*, 10(4), 1991.

Robbins, S. P., and Coulter, M., *Management*, 10th ed., Prentice Hall, 2008.

Robbins, S. P., and Decenzo, D. A. *Human Resource Management*, Academic Internet Pub Inc., 2006.

Ross, Stephen A, Randolph W. Wester field, and Bradford D. Jordan, *Fundamentals of Corporate Finance*, McGraw Hill, 2010.

Savitz A. and Weber K., *The Triple Bottom Line: How Today's Best-Run Companies Are Achieving Economic, Social and Environmental Success - and How You Can Too*, Wiley, 2006.

Schermerhorn, J. R., *Management*, 6th ed., John Wiley & Sons, Inc. 2001.

Schermerhorn, J. R. Jr., and Chappell, D. S., *Introducing Management*, Jone Wiley & Sons, Inc., 2004.

SIF, Social investment forum, http://www.socialinvest.org

Stoner, J. A. F, Freeman, R. E., and Gilbert, D. R. Jr., *Management*, 6th ed., Prentice Hall, 1999.

Treacy, M. and Wiersema, F. D., *The Discipline of Market Leaders*, Harper Collines, 1995.

Trompenaars F., and Woolliams P., A new framework for managing change across cultures, *Journal of Change Management*, 3(4), 2003.

USLP, Unilever Homepage (https://www.unilever.com)

Williamon. O. E., The Vertical Integration of Production: Market Failure Considerations, *The American Economic Review*, 61(2), 1971.

Williamon. O. E., Markets and Hierarchies: Analysis and Antitrust Implications: A study in the Economics of Internal Organization, University of Illinois at Urbana-Champaign's Academy for Entrepreneurial Leadership Historical Research Reference in Entrepreneurship, 1975

Williamon. O. E., Technology and Transaction Cost Economics: A Reply, *Journal of Economic Behavior & Organization*, 10(3), 1985.

World Commission on Environment and Development (WCED), *Our Common Future*, Oxford: Oxford University Press, 1987.

찾아보기

ㅅ

ㅇ

ㅈ